FILS DE BANLIEUE

De la haine à l’Amour

Site : pascalnobecourt.wix.com/filsdebanlieue
Page *facebook* : www.facebook.com/filsdebanlieue

ISBN -978-2-9552870-3-3
Dépôt légal : juillet 2016

Photo couverture : Pascal Nobécourt

PASCAL NOBÉCOURT

FILS DE BANLIEUE

De la haine à l'Amour

Préface de Marc Vella

Récit-témoignage

Table des matières

Ce que tu n'as pas, trouve le dans ce que tu as.
Vous tous qui cherchez et ne trouvez pas,
Je vous souhaite d'atteindre votre impossible,
Afin que celui-ci devienne notre possible...

Préface

Pascal Nobécourt écrit avec les mots de tous les jours, des mots simples, mais avec ces mots, il nous percute. Fils de banlieue, un livre poignant qui nous montre sans détours les terribles réalités de la vie dans le cœur de nos cités. Combien sommes-nous, comme l'auteur, à avoir eu une mère autoritaire rongée par le souci du bien-faire et un père absent qui ne sait pas dire « je t'aime » ? Pour beaucoup d'entre nous, on ne peut que se reconnaître dans l'histoire du petit Pascal. Avec brio, il a su mettre en mots nos souffrances, nos frustrations, nos déceptions, notre solitude… Ce que nous n'avons pu et su formuler, il l'écrit pour nous avec plein de délicatesse et de justesse et ça fait du bien ! Il y a quelque chose de l'ordre de l'universel dans tout ce qui est livré là. Ce qui perd nos jeunes c'est de vivre dans l'univers confiné de la cité. Nous sommes bien souvent le produit de notre environnement. Je ne peux qu'être sensible à son témoignage puisque la banlieue a tué mon petit frère.

Fils de banlieue *analyse avec finesse la perversité de notre système social insensé. L'auteur analyse avec lucidité les mécanismes mis en place par des politiques peu soucieux de l'humain. La machine sociale désespère et tue psychiquement des millions de personnes, les murant dans de véritables ghettos devenant des lieux de misère humaine… C'est certain, ce système est pervers. D'un côté, il défend la famille, mettant celle-ci comme socle de toute la société mais dans le même temps, cette société pulvérise la famille… Où est la famille, quand les parents partent au travail à huit heures, déposent leurs enfants à 8h30 à l'école et rentrent le soir « crevés » vers 18 heures, en récupérant leurs petits au passage ? Il y a des pères qui rentrent parfois quand les enfants dorment. Il y a des familles qui ne se voient presque plus, complètement séparées par un quotidien sans sens. Et les grands-parents, soit ils sont restés à la campagne, loin de la ville, loin de leurs petits, soit ils sont dans des hospices ou maisons du quatrième âge, parqués, isolés de tout.*

Je connais un couple, lui est plombier, elle, infirmière… Elle travaille souvent de nuit et lui tous les jours, il part tôt et rentre tard. Comme ils n'arrivent pas à joindre les deux bouts, lui fait du « black » les week-ends. Ils se croisent, voilà leur vie… Et les enfants lui, il ne les voit jamais. La famille ? Le socle de notre société ? Comment nos politiques peuvent dire qu'ils font tout pour protéger la famille alors que le système qu'ils défendent la désintègre. « Papaoutai » ? nous chante Stromae…

Papa où t'es, maman m'aimes-tu ? Êtes-vous là, présents, avec nous ? Les écoles sont devenues des garderies et des machines à formater. Où sont le vivre ensemble, l'émerveillement du monde partagé, l'apprentissage en tendresse ? La famille ? Quelle famille ? Il n'y a pas de famille, c'est un leurre, une illusion.

Avec tout ça, comment devenir homme, ou femme ? Comme être père, être mère ? Comme cela est difficile, quand tout est miné par l'urgence, l'indifférence, la violence et la peur. Quand les codes, les règles, les valeurs ont oublié l'amour et l'empathie, la présence et la bienveillance, comment ne pas sombrer ?

Pascal nous attendrit quand il nous fait vivre ses vacances avec ses grands-parents, cela nous renvoie à un monde d'une autre époque, celle de Michel Simon chantant « Vive le pinard »… Extrait du film le Vieil

Homme et l'Enfant. *L'auteur nous fait vivre ce grand écart entre la France rurale des campagnes et celle de la banlieue, des cités dortoirs entourant la ville. Sans rien cacher, il nous dévoile la violence de sa banlieue, il sait mettre les mots qu'il faut pour dire l'incohérence, l'imprévisible. Il nous parle de la folie des hommes, nous la décrit sans voyeurisme. On ne peut que constater le tragique... Et que dire ? Comment juger ? Et le livre nous ouvre les portes de ces Ghettos, véritables machines à produire des terroristes en tout genre. Et entre les lignes, on entend Pascal pleurer doucement. Son livre nous transperce l'âme car il nous invite nous aussi à travers notre propre histoire à pardonner, celles et ceux qui nous ont maltraités. Mais le plus dur est de se pardonner à soi-même et l'on sent que Pascal en écrivant ce livre nous avoue sa difficulté à le faire totalement. C'est un livre plein de sincérité, d'une transparence désarmante, qui nous donne aussi des clés, des solutions possibles pour en finir avec ces endroits de misère. Pascal est un être rare, doté d'une sensibilité à fleur de peau, engagé dans sa quête de justesse et de profondeur.* Fils de banlieue *est un livre poignant, qui nous éclaire, nous apprend, nous fait comprendre. Puisse-t-il inspirer les hommes. Je dis les hommes et non les politiques, car de ce problème des banlieues, nous sommes tous concernés parce que nous en sommes tous responsables.*

Marc Vella

Introduction

Cette histoire de ma vie, ce que j'ai traversé, m'amène à la certitude que l'on ne naît pas mauvais, on le devient.

C'est peu après les émeutes des banlieues de 2005, qu'est née mon envie de témoigner de mon itinéraire personnel. Fraîchement débarqué à Tarbes. Les personnes que je fréquente ne connaissent rien de mon passé délictueux. Tout naturellement. Elles commentent avec écœurement et aversion les images de guérilla urbaine, diffusées par tous les journaux télévisés. Sans se douter le moins du monde que quelques années plus tôt, j'aurais assurément été parmi ces « voyous ». Je me sens directement visé par ces propos belliqueux d'une extrême violence pour certains d'entre eux. J'en ai mal au ventre. Me reconnaissant parmi ces révoltés, je tente par moment de trouver des excuses pour expliquer ces débordements, sans pour autant les justifier.

La colère accumulée de tant d'injustice sociale. La misère extrême de ces lieux de paupérisation. La violence subie au quotidien. L'absence d'espoir de jours meilleurs. Rien n'y fait. Je me heurte à une muraille d'émotions de dégoût. J'en souffre. A chaque fois, mon intervention ne fait qu'envenimer les propos et je me retrouve pris pour cible comme exutoire de toute cette indignation soulevée. « Comment peux-tu être avec eux ??? » A l'écoute de cette phrase repoussante, je comprends qu'il y a donc deux camps. J'en déduis à leurs dires sans aucune commisération, que c'est le bien et le mal qui s'opposent.

Vision réductrice qui me consterne, car je connais l'envers du décor qui nous est présenté pour l'avoir enduré. Je reconnais dans ceux qui déversent leur fiel, toute l'ignorance des conditions de vie de ces jeunes rétifs. Qui, en d'autres temps, auraient peut-être été pris pour des révolutionnaires. « Il faut envoyer l'armée pour tous les cramer et tout raser !!! » Cette dernière sentence exterminatrice scella définitivement mon silence quant à l'actualité. Tout en laissant une profonde blessure en moi, de toute cette haine exacerbée, qui m'affecta durablement. Je finis par comprendre que je ne parviendrais pas à faire passer mon message de compréhension à chaud. Le petit enfant meurtri de la cité, qui sommeillait encore en moi, me poussa à révéler toute sa douleur de ce monde arbitraire. Qu'il n'aurait pas aimé être « cramé », innocent qu'il était. Et démontrer par son parcours que l'on peut s'en sortir. Je ne voulais pas finir par pourrir en ces lieux abandonnés.

C'est pourquoi j'ai écrit ce livre, pour apporter ma contribution à un monde meilleur. Je l'ai écrit, guidé et inspiré par toute l'Humanité que je peux porter en moi. Dans l'espoir que ce livre puisse être un lien, édifier une passerelle d'apaisement entre deux mondes qui se méconnaissent et s'ignorent résolument. Puisse-t-il apporter un éclairage bienfaiteur pour que grandisse la tolérance et la Paix en chacun de nous ! Puisse-t-il guider hommes et femmes vers plus de bienveillance, de raison, afin de soulager les peines ! Puisse-t-il ouvrir les cœurs pour ainsi repousser jugements trop hâtifs et injustice ! Je veux témoigner à ceux qui n'ont pas grandi, ni vécu dans l'enclave d'une cité, de toute la complexité, la difficulté que cela représente pour celui qui y vit. Relater la radicalisation du comportement d'un individu ainsi que ses dérives. Attester à ceux qui se sont égarés dans les méandres de la délinquance qu'une autre route est envisageable, qu'il est tout à fait possible de s'en extraire.

Je veux tenter de casser ce mur d'incompréhension qui grandit chaque jour, à mon grand désarroi. Tenter de renouer le dialogue, pour que cesse cette tolérance face à la misère, au sein même de notre pays industrialisé. Militer pour éviter ce rejet de l'autre le marginalisant dans sa différence, pour qu'enfin, les mains se tendent de part et d'autre pour le bonheur de tous. J'espère soulever l'interrogation qui mène à la réflexion positive, pour un bien-être commun.

Ce livre relève aussi d'un devoir de mémoire qui m'incombe. En effet, je me sens solidaire de tous ceux qui auront succombé de diverses façons, aux méfaits de la cité lorsque j'y vivais. Solidaire aussi de ceux qui y vivent encore et doivent supporter au quotidien toute la violence qu'elle véhicule. Je sais, pour l'avoir vécue, la douleur que cela peut engendrer pour celui qui doit la supporter. Toute la souffrance que cela génère pour ceux ou celles qui en sont victimes quotidiennement.

Comment en arrive-t-on à glisser, à s'enliser dans la délinquance et dans la violence qui l'accompagne ? C'est ce que je tente d'éclairer à travers mon parcours. Je conçois aisément que l'on puisse ne pas le comprendre d'un point de vue externe, tout cela étant étranger à la plus grande majorité. J'ai pu le constater au cours de mon existence. Sans empathie ni une bonne ouverture de cœur et d'esprit de la part du monde extérieur, la vie dans l'enclave d'une cité reste hermétique à sa compréhension. Je souhaite que ce livre puisse apporter un éclairage compréhensible à ceux qui voudront bien prendre le temps de le lire. La résolution du problème n'est pas aussi simple que l'on veut bien nous le faire croire. Vous pourrez vous en rendre compte par la suite, la vie n'est pas un long fleuve tranquille lorsque vous grandissez dans une cité dortoir du 93. Bien sûr il y a pire. Mais ce n'est pas à proprement parler le meilleur endroit pour qu'un enfant découvre le monde dans lequel il va devoir construire ses représentations. Il me semble, au vu du développement économique de notre pays, que cet immense gâchis pourrait être évité, pour le bien de tous. En tout cas, je continue de caresser l'espoir que cela puisse changer un jour, pour plus de Fraternité. Pendant longtemps, j'ai pensé que les barricades n'avaient que deux côtés et qu'il fallait choisir son camp. J'ai découvert qu'un autre choix était possible. La voie du milieu. A cheval sur ces mêmes barricades, afin de pouvoir tendre la main de part et d'autre, dans l'espoir que nous soyons de plus en plus nombreux à les chevaucher. Tous portés par le rêve que cesse la haine qui les aura érigées.

Vous pourrez vous persuader que cela n'aurait pas pu vous arriver. Que vous auriez été plus fort que la tentation de la délinquance pour résister à son appel funeste. Que vous seriez parvenu à éviter ses multiples pièges, parfois mortels, qui vous font chuter et que vous, ne vous seriez pas empêtré dans sa toile. Vous pouvez croire que ce sont les plus faibles qui y sombrent, parce que vous, vous êtes fort et n'auriez en aucun cas fléchi sous sa pression revendicatrice. D'autres pensent qu'il faut déjà être imprégné du mal dès sa naissance. Certains rejettent l'idée même que ceux qui s'engouffrent dans la délinquance, puissent appartenir au genre humain, oui, ça je l'ai entendu. Vous pouvez croire que vous auriez fait mieux en estimant qu'il n'y a pas de pardon à accorder à ce genre de vermine, ça aussi je l'ai entendu. A ceux-là, j'ai envie de répondre sans colère, sans mépris, sans haine, que l'on ne peut parler d'une expérience que lorsqu'on l'a vécue. Sinon, ce ne sont que suppositions fabuleuses et vérités mirobolantes. Le moi, moi, moi ne fait pas avancer l'Humanité, bien au contraire.

Oui c'est vrai, je vous l'accorde, ce sont les plus faibles qui sombrent dans la délinquance, car il faut être très fort pour lui résister. Très fort pour contester son attraction au sein de la cité et parvenir à lui tourner le dos, lorsque la misère sévit autant dans votre environnement. Très fort pour ne pas succomber à la tentation alléchante de l'appât du gain qui viendra combler les manques. Très fort pour ne pas flancher à l'appel de ses sirènes fascinantes à des lendemains meilleurs, pour finir par venir s'écraser sur ses récifs cruels. Et des très forts, des supermans, parmi ceux qui traînaient avec moi, en perte de repères, rejetés, mal-aimés ou pas du tout, abrutis par la violence familiale, violentés et démunis, qui seront parvenus à éviter la délinquance, je n'en ai pas connu beaucoup, pour ne pas dire pas du tout. D'autant plus qu'à la cité, il est bien plus simple, voire recommandable, pour être respecté, et donc pour exister, de devenir un caïd que d'être un saint. Il est tellement facile de dire : « Moi ça n'aurait pas pu m'arriver. » Tellement plus facile d'affirmer, avant que le navire ne coule : « Je serai le dernier à le quitter. » Tellement plus aisé de parler de ce que l'on ferait, tant qu'on n'est pas confronté à une situation. Acculé, il se peut alors que l'irrationnel gouverne vos décisions. Vu que dans certains moments, des instincts de survie que vous ne soupçonnez pas peuvent apparaître et faire de vous, l'homme, le plus courageux ou le plus couard qui soit. Pour me protéger j'ai agi de manière couarde en ne m'opposant pas aux forces du mal, je le sais. Le monde qui m'entourait était violent et pour y survivre, j'ai choisi d'être au moins aussi violent que lui. Sinon, j'en suis sûr, comme d'autres, il m'aurait englouti sans aucun espoir de pouvoir refaire surface. C'était à mes yeux, avec le recul, un simple instinct de survie…

Et les victimes, me direz-vous. J'y pense. Ce livre est aussi écrit pour elles. Dans l'espoir qu'il contribue à se questionner pour apporter les bonnes solutions aux problèmes que soulève notre société divisée. Pour qu'il n'y ait plus de victimes, il faudrait qu'il n'y ait pas de bourreaux[1], car tout bourreau a été à un moment donné de son existence une victime. Sans pour autant excuser l'acte, il est bon de se le rappeler. Ne dit-on pas, afin d'éviter d'être malade : « Mieux vaut prévenir que guérir.» C'est pourquoi je suis un fervent partisan de la prévention. Répondre à la délinquance, à la violence qui s'y associe, uniquement sur le terrain de la répression, ne résoudra rien. Il en faut certes, mais pas seulement. Je suis convaincu que l'on peut faire reculer significativement la délinquance en prenant en compte l'individu, son histoire et en le responsabilisant. Lui laissant entrevoir qu'une autre trajectoire est possible, lui permettant de se découvrir autrement que sous son côté sombre et obscur. Les tentatives dans ce sens ont donné des résultats positifs. Les résultats sont peut-être plus longs à obtenir mais restent durables lorsque ceux-ci sont obtenus. « Mieux on gère l'enfance en danger, moins il y aura de jeunes délinquants. Quatre-vingt-six pour cent des jeunes suivis comme mineurs par un juge ou la PJJ (Police Judiciaire de la Jeunesse) ne se retrouvent pas dans la délinquance une fois majeurs[2]...» Mais encore faut-il vouloir s'en donner les moyens. Il n'y a pas de méchants, il n'y a que des souffrants. Ce qui m'amène à me poser cette question : « Qu'en est-il de la responsabilité de la république ? » Pendant longtemps, j'en ai voulu à la société entière de nous avoir laissé pourrir dans ces favelas à la française. Ce sentiment de rejet de notre personne, cette absence de considération de notre appartenance à la communauté, ce manque d'Humanité de la république. Cette non-reconnaissance de toute cette souffrance, de cette disparité sociale flagrante, détonante, déchirante, nous amenant dans notre

[1] On pourrait dire aussi d'agresseurs.

[2] Entretien avec le juge pour mineurs au tribunal de Bobigny (Seine-Saint-Denis) Jean-Pierre Rosenczveig dans *Aujourd'hui en France* du 23.06.2014.

aliénation à penser : « Vous ne nous aimez pas, et bien on va faire en sorte que vous nous détestiez ! » Comme l'enfant en manque d'amour de ses parents, qui cherche à se faire remarquer par des sottises, au risque même de se faire corriger.

Nos politiciens, dans un souci de réélection amenant trop souvent une vision sur le court terme, ne pensent que répression, sur ce qui frappe les esprits si je peux me permettre ce jeu de mots bien triste. Ils ne cherchent en rien les racines de la délinquance qui lui donnent naissance, ni à en connaître les fondements. Sans quoi, j'ose espérer qu'ils mettraient une autre politique en place. Ces souffrances, les désillusions endurées deviendront, tout au plus, des circonstances atténuantes aux yeux d'un juge pour mineurs. On ne résoudra pas la délinquance sans résoudre la misère qui y mène. On peut le constater depuis quelques années, ces problèmes n'intéressent nos politiques, essentiellement, que pour s'en servir dans des buts électoralistes. Leur permettant de démontrer leur intransigeance, leur force de caractère face à ces « sauvageons ». De mettre en place la tolérance « zéro ». C'est facile de manifester son autorité, sans avoir à se déplacer pour l'affirmer. Décider simplement d'envoyer des cars de C.R.S afin de museler la misère, pour que celle-ci ne déborde pas des limites qu'on lui octroie. Ça rassure le citoyen, mais cela ne fait que rajouter de l'huile sur le feu. Renvoyer à ceux qui sont tombés dans la délinquance, l'image d'un monde violent. A l'identique de celui dans lequel ils baignent depuis leur enfance. Dans ce monde où ils se sont construits, où règne la loi du plus fort. J'entends dire parfois : « Ils ne comprennent que ça », en parlant de l'emploi de la force. Je dis : « Non, ils ne connaissent que ça.» Si nous ne démontrons pas plus de solidarité les uns envers les autres. Prouver à ces jeunes désillusionnés qu'il est possible de cheminer autrement, qu'une autre voie existe. Qu'il est possible de l'explorer, de l'expérimenter, alors, cela restera éternellement l'impasse bourreau-victime. Car ces jeunes sont aussi les victimes de ce que notre société tolère.

Violence de la cité, nous dit la société. Violence de la société, répond la cité. Ainsi, rien ne bouge, et le chien continue de se mordre la queue…

Pour ceux qui attendent un livre aux récits sanglants, aux braquages sulfureux, aux courses-poursuites dantesques, je m'en excuse, je n'étais pas un gangster. Un simple petit délinquant en quête d'existence. Une petite « caillera[3] » cherchant à survivre dans ce monde violent qu'il ne comprenait pas, l'empêchant d'être lui-même. L'itinéraire d'un ado paumé qui tente de se raccrocher aux branches et qui ne cesse de se répéter durant sa chute : « Jusqu'ici tout va bien. L'important, ce n'est pas la chute, mais l'atterrissage[4]. » Je ne ferai donc aucune apologie du crime. Je donnerai simplement quelques exemples ayant un intérêt dans l'histoire de mon parcours, sans pour autant rentrer dans des détails de modes opérationnels. Je laisse à d'autres le soin d'en détailler les aspects, cela ne m'intéresse pas de les étaler.

Je tiens à préciser que les faits narrés sont l'expression des souvenirs, du regard, des émotions vécus d'un enfant, puis d'un adolescent, au moment où ces faits se sont déroulés, avec les mots d'un adulte pour exprimer son ressenti parfois plus de quarante ans après certains événements relatés. Tout cela n'engage que l'auteur. Ce sont ses représentations, sa perception du monde qui l'entoure, sa réalité qui lui est propre. Je suis bien conscient que celles-ci peuvent être différemment interprétées par un autre protagoniste ayant vécu les mêmes faits ou bien ayant grandi en d'autres endroits. Car tout cela est mon histoire…

---

[3] Verlan de « racaille ».Verlan : mot prononcé à l'envers.
[4] Référence au film de Mathieu Kassovitz *la Haine*.

Ma mère

Je suis né en 1966 et j'ai grandi en Seine-Saint-Denis, le 9.3 comme on le dit maintenant, qui n'était pas habité que par des Saints. Département ouvrier, dortoir de la banlieue parisienne, à forte population d'immigrés. Département baptisé la banlieue rouge du fait du grand nombre de municipalités dirigées par des maires communistes.

Pour moi, le début de ma chute dans la délinquance s'amorce au divorce de mes parents durant l'été 76. La canicule qui brûle la France embrase aussi le foyer familial. La séparation s'est déroulée dans une violence inouïe, atteignant le paroxysme de l'inconcevable, lorsqu'une nuit, réveillé pour la énième fois par le bruit de leurs disputes, je me lève. Je me rends en direction de la salle à manger, leur ring habituel. Mais cette fois-ci les cris proviennent de la chambre de mes parents. Arrivé au pas de la porte, je vois ma mère à genoux, suffocante. Je me remémore cette scène comme un vieux rêve surgi du néant, au contour flou, dont j'aimerais qu'il glisse dans l'oubli. Mon père, debout devant elle, lui enserre le cou de ses mains, déterminé à l'étrangler. Malgré ce qu'elle m'avait fait subir jusque-là, je ne souhaitais pas sa mort, cela vint bien plus tard. Je me rue donc vers eux, horrifié par cette scène apocalyptique en suppliant mon père d'arrêter. Je tire sur ses mains afin de desserrer l'étau sur le cou de ma mère, qui n'arrive plus à respirer. J'avais 10 ans…

Jusque-là, la violence c'est moi qui la subissais à la maison. Ma mère perdue, certainement dépassée par les événements de sa vie, passait ses colères, ses frustrations sur moi. Notamment le week-end, mon père parti à la chasse la laissant seule à la maison, cela lui laissait une large plage horaire pour me maltraiter. L'absence de mon père générant en elle un sentiment d'abandon, elle voyait peut-être en moi la chaîne qui l'empêchait de vivre une autre vie. De vivre sa vie de femme. Car elle n'aura eu guère le temps d'en profiter. Elle a dû épouser mon père de force. Mon grand-père les obligeant à se marier le fusil dans le dos, comme elle le précise, parce qu'elle était enceinte de moi. En cette année 1965, elle n'avait pas encore dix-neuf ans. Ma mère, née en Picardie en 1946, est arrivée en région parisienne avec ses parents venus chercher du travail, peu après la fin de la guerre. Ce mariage lui aura permis de fuir le domicile familial, qui était très violent pour elle, son père la battait régulièrement. Elle vivait également très mal l'inégalité de traitement entre elle et son frère, de trois ans son cadet, mais vénéré par ses parents du fait de son statut de garçon.

Ce manque de considération, de tendresse, d'amour fit qu'elle a reproduit le seul schéma qu'elle avait connu jusque-là. La reconnaissance de l'autre par la violence. On ne peut transmettre que ce que l'on connaît. Et ma mère ne connaissait que les coups. Tout prétexte pouvait être bon pour qu'elle me batte, je ne savais jamais quand sa fureur allait s'abattre sur moi. Je ne vivais pas, figé par la peur qu'elle m'inspirait, seulement habité par une crainte permanente. Le moindre geste de ma part pouvait déclencher le début de cris, et les coups qui bien souvent suivaient. Je me souviens de séances de devoirs à la maison, qui se transformaient très vite en calvaire. La moindre erreur de réponse de ma part à une question de ma mère, amenait son lot de braillements qui me terrorisaient, me faisant perdre tous mes moyens. La peur de prendre une baffe derrière la tête que je ne verrais pas arriver, mais dont je devinais l'imminence, bloquait toute réflexion possible. Devant l'insistance de ma mère à entendre le son de ma voix, je me devais de lui donner une réponse. Elle ne me lâchait pas tant que celle-ci n'était pas sortie de ma bouche. A chaque fois, mon esprit se paralysait, m'empêchant de me donner une chance de trouver la bonne réponse. Ce qui amenait inévitablement la baffe. Le sort dans ces moments-là était lui aussi bien cruel. Les repas étaient également une corvée. Je me devais de respecter toutes les règles de bonne conduite à table. Les moindres gestes inappropriés de ma part autorisaient des réflexions désobligeantes à mon encontre et de temps à autre s'ensuivre une mornifle.

Parfois lorsqu'elle ne supportait plus les cris de mon petit frère, de six ans plus jeune que moi, elle le déposait dans ma chambre en m'intimant l'ordre « je ne veux plus l'entendre » tout en refermant la porte. Je devais alors m'occuper de lui la peur au ventre, en veillant à ce qu'il ne pleure pas. Je me demandais : « Comment fait-on pour s'occuper d'un enfant de deux ans ? » et surtout « Comment fait-on pour qu'il ne pleure pas ? » Car dans cette éventualité, ma mère arrivait comme une furie, hurlant qu'elle m'avait prévenu, qu'elle ne voulait pas l'entendre, tout en me piétinant de rage. Je n'en voulais même pas à mon petit frère dans ces moments-là. Je pensais innocemment que si elle ne parvenait pas à calmer ses pleurs d'angoisse, « Comment moi, aurais-je pu y parvenir ? »

Quand nous étions invités chez des amis de mes parents, je devais rester assis sur une chaise près d'elle sans bouger, alors que les autres enfants couraient et jouaient. Tous mes gestes devaient être soumis à son approbation. Dès que je bougeais, son regard se tournait vers moi. Si je tendais la main pour attraper quelques gâteaux apéritifs, elle observait mon déplacement pour voir si mon comportement correspondait aux bonnes manières. Dès qu'elle décidait que cela suffisait, lorsque je tendais de nouveau le bras, elle fronçait les sourcils afin de me faire comprendre de manière silencieuse, qu'il était temps que j'arrête ce petit manège qui lui devenait déplaisant. Si un adulte venait à me présenter un plat, je refusais poliment, n'osant, en aucun cas, braver l'interdit qui venait de m'être signifié. Il arrivait que l'un des hôtes qui nous recevaient, surpris de la situation, me dise que je pouvais aller jouer. Dans ce cas, aussitôt, ma mère pinçait les lèvres, fronçait les sourcils tout en me jetant un regard qui me faisait bien comprendre que mieux valait pour moi que je ne bouge pas. Ce regard me transperçait de part en part. Me glaçait littéralement, tant il était chargé d'émotions méprisantes. Me réduisait à l'état de rien. Sans un mot, par ce simple regard, elle pouvait me figer sur place. Je restais scellé sur la chaise malgré l'insistance des personnes pour que je rejoigne les autres enfants. C'était trop tard, le sort était jeté, et je ne tenais pas à ce que la malédiction s'opère. Les adultes n'ayant pas vu ce bref instant d'échange entre ma mère et moi, finissaient par me laisser tranquille, pensant que je n'osais me mêler aux autres enfants par timidité. Ma mère dans son désir de reconnaissance, voulait montrer que son enfant se tenait bien. Qu'il était parfaitement éduqué. C'était sa fierté. Sa raison d'être. Son amour pour moi, était limité par sa propre souffrance dans sa quête d'exister. La reconnaissance de sa perfection passait par mon obéissance soumise et docile. Par mon asservissement résigné à son diktat, n'autorisant aucune négociation possible. Les : « Qu'il est poli, qu'il est sage, on ne l'entend pas… » de personnes extérieures venaient renforcer sa conviction du bien-fondé de ses agissements. Elle élevait correctement son fils, qu'elle voulait prodige. Pourtant, en mon for intérieur, tout un monde hurlait. Mais la terreur qui régnait en moi faisait qu'aucun son ne pouvait en sortir. Je n'étais qu'un pantin relié aux fils du bon vouloir de ma mère. Elle cherchait plus à exister qu'à m'éduquer, profitant du pouvoir que lui conférait son statut de mère. Je devenais l'objet qui lui permettait de donner consistance à sa propre existence. Sa perfection était liée à ma perfection. Elle avait créé une camisole psychique invisible dont je ne parvenais pas à me défaire. Il me faudra de nombreuses années, pour parvenir à me dégager de cette étreinte maternelle suffocante, dans laquelle je me sentais prisonnier.

Chaque fois que cette situation se représentait, je ne pouvais m'empêcher de tourner la tête vers ma mère. Je venais chercher son accord pour pouvoir quitter la chaise sur laquelle j'étais rivé. Dans l'espoir de retrouver la liberté de mes mouvements, et ainsi, tout naturellement, assouvir mon désir d'aller jouer avec les autres enfants. Epancher au milieu d'eux mon envie de vivre. Son autorité établie, dans une grâce royale, il arrivait qu'elle m'accorde le droit d'aller les rejoindre. Non sans avoir auparavant, dressé une liste de consignes contraignantes, que je me devais de respecter sous peine de revenir m'asseoir. « Ne cours pas, ne crie pas, ne saute pas, ne te traîne pas, fais attention à ne pas casser quelque chose, etc… » La camisole venait de se desserrer, mais était encore bien présente. Toujours aussi étouffante et frustrante. Je ne suis jamais passé outre cette exigence muette entre elle et moi. L'emprise de ma mère était bien trop forte. J'aurais pu me lever puis partir jouer sans un regard vers elle. Je n'en ai jamais eu le courage. Mon mental bloquait toute initiative d'acte de rébellion devant la peur de ce qu'auraient été nos retrouvailles, en tête à tête, de retour à la maison. Moi, braver son autorité toute puissante ? J'étais bien trop terrorisé. Cet effroi jugulant la moindre aspiration d'expression de mon être intérieur, de mon enfant libre. Je me sentais impuissant face à cette emprise qu'elle avait sur moi. J'avais peur d'elle. C'est pourquoi je ne l'aimais pas. La peur n'a jamais mené une personne à l'Amour[5], ni éveillé en elle de sentiment apaisant.

Ce regard castrateur m'aura hanté longtemps, très longtemps. Ce regard qui unit dans un accord tacite de soumission le bourreau et sa victime. Je m'en suis longtemps voulu de cette lâcheté de ne pas avoir essayé, au moins une fois, de me lever sans attendre son acquiescement. Et alors qu'importe ce qui se serait passé. J'aurais retrouvé ma dignité. Lutter pour couper ce cordon ombilical maléfique m'empêchant de vivre, d'exister. Je m'aperçois que toute cette haine que j'accumulais, qui ne pouvait s'évacuer, sortirait de moi bien plus tard, de manière très violente. Tel un volcan qui explose après l'entrée en fusion du magma bouillonnant. Plus personne ne me ferait baisser la tête. Plus personne ne me dominerait. Plus personne ne me mépriserait. Fallait-il même que j'y perde la vie, je ne laisserais plus jamais personne m'avilir, écraser mon existence à ce point. Cela devint une question de vie ou de mort. C'est comme ça qu'à mon tour, sans un mot, je suis parvenu à faire passer mon message à de futurs agresseurs : il fallait qu'ils s'attendent à un combat à mort dans le cas d'une agression. Dans ces moments-là, la haine était tellement forte que je sais que celui qui s'y serait risqué, je l'aurais tué. Emporté dans ma folie. La haine emmagasinée tout au long de ces années me faisant perdre tout contrôle sur moi. Il m'est arrivé lors de confrontations de ressentir une violente pulsion meurtrière et de vouloir tuer celui qui s'opposait à moi. Ma mère, conjointement à cette société jugée injuste, avaient façonné une bombe humaine. Pas besoin d'explosifs autour de la taille, j'avais tout à

[5] Dans le but de différencier l'Amour véritable qui est un Amour pur, de celui que je nomme l'amour égoïste, celui qui prend plus qu'il n'offre, tout au long du livre j'écrirai ce premier d'une lettre majuscule.

l'intérieur, prêt à exploser à la face du monde. Je me rends compte aujourd'hui, de la chance que j'ai eu de ne pas avoir rencontré sur ma route de personnes extrémistes. La haine, la douleur des souffrances accumulées, ont fait que j'en voulais à la terre entière. J'aurais sans aucune hésitation commis l'irréparable. Je suis parvenu à m'en préserver. Merci au destin de m'avoir épargné cette épreuve.

Durant ces moments de rage extrême, je me sentais devenir un monstre. Je déchargeais toute ma colère, ma haine, sur celui qui tentait de prendre le contrôle de ma personne. Cette adrénaline de survie redescendue, je me sentais sale, honteux d'avoir ressenti cet aspect bestial de ma personne. Impur de ressentir cette pulsion de vouloir détruire l'autre, enragé qu'il me pousse à cet extrême. Je ne me reconnaissais pas dans ces émotions venues du tréfonds de mes entrailles. Je ne me sentais pas un homme dans le sens universel. Je me faisais peur, me demandant : « Que se serait-il passé si mon agresseur était allé au bout de son intention ? » Je devais assurément être suffisamment intimidant pour que celui-ci ne s'y aventure pas. Il faut dire que j'avais eu un excellent maître en matière d'intimidation. Quand je me sentais agressé, se réveillaient en moi les mauvais traitements que ma mère m'avait fait subir. N'étant plus face à elle, mon désir de la supprimer pouvait prendre vie. Ainsi, l'interdit qui m'avait jusque-là toujours empêché de passer à l'acte, disparaissait. Mon provocateur devenait le réceptacle de la haine que j'éprouvais envers ma mère. A travers lui, c'est elle que je visais. Pourtant, je sentais déjà à cette époque que ce comportement, ce n'était pas ma véritable nature. Je sentais qu'une autre énergie m'habitait mais je ne parvenais pas à l'identifier, à la mettre à jour, au grand jour. Il faudra nombre d'années pour que j'accepte que la lumière pénètre en moi. Je continue d'apprendre à m'ouvrir au reste du monde afin que cette lumière m'infiltre encore plus intensément. Pour qu'elle me purifie jusqu'au tréfonds de mon âme, et que jamais les ténèbres du spectre de la violence, qui suit dans le sillage de la haine, n'aient de nouveau le contrôle sur moi.

Il arrivait aussi, le dimanche après-midi, mon père étant parti depuis le matin très tôt à la chasse avec ses copains, que ma mère s'allonge sur le canapé pour regarder la télévision. Dans sa solitude, elle me contraignait à rester avec elle, assis par terre au pied du fauteuil, à regarder des séries inintéressantes pour moi. Je n'en comprenais pas la raison. Je suppose qu'elle devait voir en moi celui qui l'obligeait à rester coincée à la maison, alors elle m'imposait de partager son ennui avec elle. Ou bien le soir, lorsque mon père rentrait tard, elle me demandait si je voulais bien venir m'allonger dans le lit avec elle. Sans que j'aie de toute façon, d'autre alternative que de dire oui. Comme toutes personnes autoritaires, lorsque ma mère me posait une question impliquant mon accord, elle n'attendait toujours qu'une seule réponse : celle qui lui convenait. Dans le cas contraire, dans un premier temps elle réitérait sa demande en prenant un ton plus apitoyant, pour m'amadouer. Puis, si je persistais dans mon refus d'accéder à sa requête roquette, la colère reprenant le dessus, j'étais taxé d'égoïste. D'un enfant n'ayant aucune reconnaissance pour elle, tout en subissant son regard haineux, qui me toisait, en récompense de mon offense. Les représailles de sa frustration ne se faisaient guère attendre. Elle ne supportait pas d'être contrariée, surtout par moi. Couché dans le lit auprès d'elle, je gesticulais et bougeais beaucoup pour me gratter, à cause de l'eczéma que j'avais sur le corps. Elle s'en agaçait, me criait dessus en me reprochant de l'empêcher de dormir. Cette situation me stressait. Plus je stressais, plus j'avais des démangeaisons. Devant mon impossibilité à pouvoir m'arrêter, elle finissait par me frapper d'exaspération. Je devenais la marionnette expiatrice de ses crises psychotiques. Elle déchargeait sur moi son amertume devant son incapacité à diriger sa vie. Je n'ai jamais compris ni su pourquoi elle ne me laissait pas dans mon lit, pour son plus grand bonheur et surtout pour le mien. Dans ces moments, je la pensais méchante, avec un seul et unique but : trouver un prétexte pour me frapper. Je n'étais plus son fils mais le responsable de son malheur. Devait-elle être tellement perdue pour ne pas se rendre compte que je n'étais en rien responsable de la misère de sa vie ? Ma mère me faisait chèrement payer les erreurs de ses choix.

D'ailleurs, avait-elle vraiment eu le choix ? Certainement, mais la pression sociale peut brouiller ceux que nous faisons. J'aime à rappeler lors de la narration de faits, le contexte dans lequel ils se sont déroulés. A ma naissance nous étions en 1966, autant dire une autre époque. Mai 68 approchait, la lente émancipation des femmes qui a suivi n'était pas encore enclenchée. Nous sommes dans une société patriarcale, donnant grand pouvoir à l'homme, donc au père, au mari, au frère. Des hommes qui s'arrogent des droits sur la femme, n'y voyant pas totalement une personne à part entière. Je me dis que ma mère aurait peut-être eu plus de chance d'être heureuse si elle n'avait pas eu à subir des humiliations tout au long de sa vie. Je m'en serais sûrement bien mieux porté. J'y vois là déjà, une forme d'injustice au sein même de la famille, transmise de génération en génération. Les mères qui apprennent dès leur plus jeune âge à leurs filles à ne pas faire de vagues. A obéir docilement à l'autorité masculine toute puissante. Une violence passive de la société, couverte par tous. Pour preuve, l'accueil violent que reçut Mme Veil, par ses collègues masculins, lors de sa proposition de loi sur l'avortement en 1974, et toujours, malheureusement d'actualité de nos jours. Il suffit de voir plus de trente ans après, les remarques misogynes entendues par Mme Ségolène Royal de la part des membres de son parti, quand elle décide de se présenter à l'investiture présidentielle. Entendant dire, par exemple, qu'elle aurait mieux à faire derrière ses fourneaux. Vous avez dit pays civilisé ? La France, pays des droits de l'Homme, n'est pas encore prête à accepter la gouvernance d'une femme. Cela aurait été pourtant une belle alternance. Cette ségrégation à l'égard des femmes, entretenue par les hommes durant des siècles, perdure grossièrement encore aujourd'hui. Les bancs de notre assemblée en sont une triste illustration, dans un pays pourtant dit moderne. La religion, à mon grand étonnement, apporte sa caution, en interdisant les hautes fonctions aux femmes au sein du clergé. Même nos élites ne sont pas prêtes à un règne égalitaire. C'est pourquoi il aurait été plus opportun, pour que le message soit clair, de déclarer : « Les droits de l'homme et de la femme ». Il me semble que certains ne prennent pas cette déclaration dans son sens d'universalité.

La femme est l'avenir de l'Homme nous dit le poète Aragon. Comment vivre dans un monde de Paix, d'Amour, lorsqu'une moitié de l'humanité ne respecte pas l'autre moitié ? Que l'une dispose de l'autre, bafouant ses droits les plus élémentaires. Depuis la nuit des temps, l'homme ne laisse que peu de place à la femme, cherchant plus à l'avilir qu'à en faire son égale. Oppression exercée envers celles qui procréent et perpétuent l'espèce humaine. L'homme aveuglé par sa soif de pouvoir, ne reconnaît même plus le sacré. Les hommes ont oublié que c'est une femme qui les a enfantés. Car en toute femme il y a une mère, berceau de l'Humanité. « J'aurais tellement aimé vivre cette expérience fantastique de porter un enfant. C'est sans doute cette jalousie fondamentale qui engendre la violence chez tant d'hommes. Leur peur, fantasmée, de ne pas être indispensable[6]. » Comment réconcilier ces

[6] Pierre Rabhi.

deux genres humains qui s'unissent pour donner la vie ? Comment une telle scission a pu s'opérer au fil du temps ? Pourquoi tant de rejet de ce qui est autre et pourtant une part de nous ? Ce que je suis, tu l'es. Ce que tu es, je le suis. Les hommes doivent s'ouvrir à l'Amour, les femmes leur pardonner ce lourd passé de servitude. Pour que notre monde se porte mieux, la première évolution à confirmer est bien celle-ci, apprendre aux hommes et aux femmes à reconnaître une moitié d'eux-mêmes. La première réconciliation à obtenir, pour arriver à la Paix universelle, est la Paix dans les foyers. L'harmonie est essentielle entre ces deux genres pour que règne, enfin, la Paix sur terre. Mettre un terme définitif à cette invraisemblable dichotomie, afin que cessent les injustices que subissent les femmes depuis des siècles. De la lapidation à la blague sexiste humiliante…

Un jour, après un apéritif dans la véranda, à la maison de campagne de mes grands-parents, les adultes partis continuer le repas dans la salle à manger, je me mets à terminer les fonds de verres. Cela a pour effet de m'enivrer très rapidement. Ma mère qui s'en aperçoit, m'emmène à l'extérieur en me secouant par le bras pour me houspiller, tout en me promettant une bonne rouste en rentrant. Ce jour-là, l'alcool me rend téméraire, je lui lance au visage : « Lâche-moi, tu n'es pas ma mère ! » Ce qui, pour le coup, m'a évité de vivre le reste de l'après-midi dans l'angoisse de rentrer à la maison, pour recevoir la rouste promise. Au moins, celle-ci, me dis-je : « Je sais pourquoi elle est arrivée. » C'est la seule fois où j'ai osé me rebeller contre elle durant mon enfance. Car sa violence pouvait fuser à tout moment. Soudaine et fulgurante. Sans me souvenir de la raison qui a provoqué ce débordement, je me rappelle un jour où ma mère m'a traîné tout le long du couloir par les cheveux, pour me ramener dans ma chambre. J'ai eu mal au cuir chevelu durant les trois jours qui ont suivi sa perte de contrôle.

Une seule fois ma mère s'enquiert de ma santé après m'avoir rossé. Un matin, elle répond au téléphone, ces gros téléphones des années 70 dont il fallait faire tourner un disque pour effectuer la numérotation voulue. Le nôtre était orange, très kitch. Poussé par la curiosité, je m'approche d'elle pour lui demander « Qui c'est ? » Comme elle ne me répond pas, je persiste dans ma question « Qui c'est ? » Agacée par mon insistance répétée, elle finit par m'assommer en me frappant sèchement le haut du crâne avec le combiné. A peine le coup reçu, je m'effondre. Lorsque je recouvre mes esprits, elle est près de moi. Elle me tient dans ses bras, tout en me demandant si je vais bien, d'un ton alarmé que je ne lui connaissais pas.

La torture psychologique qu'engendrait la violence de ma mère à mon égard, que je ne parvenais pas à comprendre, a fait que je lui ai ôté son droit de maternité. Tout cela, pour me garantir de ne pas perdre la raison. Elle ne pouvait pas être ma mère, elle ne pouvait pas m'avoir enfanté. Comment expliquer que la personne qui vous a remis au monde, la première personne censée vous aimer, vous protéger, devient votre premier agresseur, votre bourreau ? Que cette personne annihile votre existence, au point que j'en arrive à penser qu'elle avait un pouvoir de vie ou de mort sur moi. J'avais le sentiment de ne pas exister. Je garde encore aujourd'hui en moi l'impression d'avoir traversé mon enfance de manière transparente, de ne pas avoir vécu. Je ne sais pas ce que c'est d'avoir une mère aimante, douce, attentionnée, aux regards attendris. Je ne connais pas les câlins. Je ne sais pas ce qu'est le réconfort de sentir ses bras enlacés, tendrement autour de moi, pour me consoler d'un chagrin, ni le son de mots doux chuchotés à l'oreille pour rassurer une peur. Ni ressentir la douce angoisse, parce que je l'aime, de penser que demain elle ne serait peut-être plus là, et cela serait bien triste pour moi. Toutes ces émotions rassurantes, gratifiantes, de confiance en l'avenir, je ne les connais pas. Ce sentiment d'Amour protecteur si important pour un enfant qui s'avance dans la vie. La nature ayant horreur du vide, lorsque vous n'emplissez pas un enfant d'Amour, de tendresse, de joie, alors d'autres émotions viennent l'habiter. Les sentiments que ma mère éveillait en moi étaient impuissance, frustration, colère, haine, liés à des souvenirs de tyrannie, de cris, de menaces, de regards méprisants. Des sentiments qui venaient bloquer mon épanouissement intérieur, étouffant l'enfant en construction, en recherche de jalons sur le monde dans lequel il devait évoluer. La coquille de mon Amour pour ma mère était vide. Je n'aimais pas ma mère. Je l'ai même haïe, souhaitant sa mort à plusieurs reprises. Ayant même failli passer à l'acte durant mon adolescence, par deux fois, lors d'une énième altercation. J'ai ressenti cette violente pulsion de la saisir par le cou afin de la faire taire. De la même manière que mon père l'avait fait quelques années plus tôt. Faire cesser ses cris, ainsi que les vexations ressenties encore à cet âge, comme une brûlure vive de son emprise sur moi. Lui montrer qu'à son tour, elle n'était rien. Heureusement, une dernière lueur de lucidité est toujours venue stopper cet élan meurtrier et mortifère, qui aurait eu pour conséquence de définitivement m'anéantir. Là encore, mon instinct de survie a été le plus fort. Car, j'en suis convaincu, je n'aurais pas survécu à un tel acte. Cela aurait été suicidaire. Grâce à cela, j'ai compris que lorsqu'on fait du mal, la première personne blessée, la première personne meurtrie, la première personne détruite, c'est soi-même. Chaque fois que je me suis mis en colère contre quelqu'un, l'adrénaline retombée, j'avais ce douloureux sentiment de m'être poignardé l'estomac. Dans la vie, il y a plusieurs chemins à arpenter, mais uniquement deux directions à suivre. La première qui mène vers la lumière. Lumière qui grandit notre Amour. Et l'autre diamétralement opposée, une voie qui nous guide vers les ténèbres pour alimenter la souffrance qui nous enchaîne. Ne comprenant pas qu'il ne tenait qu'à moi de faire demi-tour pour me retrouver face à la lumière, j'ai longtemps marché dans la mauvaise direction, me plaignant des désagréments et des difficultés rencontrés. Marcher vers elle, afin que ses rayonnements bienfaisants éclairent doucement ma route, m'invitant ainsi à continuer sur cette voie, à ma plus grande joie.

Lors d'une des nombreuses disputes avec ma mère, toujours très violentes, où nous nous invectivions, animés par la douleur de nos souffrances respectives, je suis amené à lui dire « La seule chose que tu m'as apprise, c'est la haine. » Il est vrai qu'elle avait à mes yeux, cette faculté express de réveiller ce sentiment toujours tapi au fond de mon être, qui me mettait hors de moi. Après ces crises qui s'apparentaient à la démence, j'en ressortais toujours dévitalisé, mon énergie épuisée. Seule restait l'envie que tout cela cesse. Chaque dispute m'enfonçait un peu plus dans une exécration qui me désespérait et provoquait un sentiment funèbre de vide intérieur. J'ai compris depuis, que lors de ces disputes, je ne cherchais que sa reconnaissance, son Amour. Qu'elle reconnaisse en moi l'enfant meurtri qui lui en voulait terriblement. Quel paradoxe ! Comment rencontrer l'Amour d'une personne, en lui hurlant la haine que vous avez d'elle ? Je ne faisais qu'accentuer la distance qui nous séparait l'un de l'autre. Il lui était impossible de reconnaître cette souffrance, qu'elle avait elle-même façonnée depuis tant d'années. Impossible de reconnaître qu'elle n'avait pas su être une bonne mère. Triste qu'elle était de ne pas avoir été une mère aimante, malgré son désir de vouloir bien m'éduquer.

Il me faudra plusieurs années et quelques dizaines d'heures de thérapie pour revenir sur cette décision, qu'elle ne pouvait pas être ma mère. Décision prise pour me protéger. C'est une amie, rencontrée bien plus tard, qui m'a fait comprendre que tant que je ne serais pas en Paix avec ma mère, je ne pourrais être en Paix avec personne. « Celui qui n'a pas d'amour pour ses parents ne connaîtra pas l'état de paradis, car celui qui ne peut aimer ses parents, comment peut-il aimer les autres ?[7] » C'est bien vrai. Peut-on faire grandir son Amour pour tous les êtres en occultant ceux qui se sont unis pour vous donner la vie ? Comment trouver la Paix intérieure, lorsque vous haïssez la personne qui vous a remis au monde ? La personne qui vous a porté durant neuf mois en son sein. Qui vous a senti bouger en elle. Qui a ressenti la douleur de la déchirure de ses entrailles pour vous permettre de vivre. Sans oublier le père, peut-on avoir lien de parenté plus proche que celui qui nous unit à notre mère ? J'aurai beau porter à mon fils tout l'Amour qu'il m'est possible de lui donner, jamais, au grand jamais, je ne pourrai ressentir ce qu'une mère ressent lorsqu'elle porte son enfant. C'est le miracle de l'existence. La mère est le premier refuge à notre arrivée sur terre. En nous portant, nous nourrissant, nous réchauffant et en nous protégeant du monde extérieur, elle nous garantit la sécurité et la protection nécessaire à notre développement. Durant ces neuf mois, elle est le seul lien qui nous relie à la vie.

Je mesure maintenant la profondeur du gouffre de la souffrance qui devait l'habiter à cette époque pour en arriver à cet extrême. Toute sa perdition devant ce péché de nuire à son enfant, la menant à l'anéantissement de son estime de soi. Égarée dans les sinuosités du labyrinthe de sa vie qu'elle n'a su déchiffrer pour s'en extirper. Perdue face à la lourde tâche d'élever un enfant. Comment peut-on élever un être, lorsqu'on ne parvient pas à se construire soi-même ? Que tout votre être n'est qu'un champ de ruines et de blessures. Le fardeau devait être trop lourd à porter.

Ce manque d'Amour durant mon enfance, conditionnera pour beaucoup l'orientation de mon adolescence.

---

[7] CHEIK BENTOUNES, *le Soufisme, cœur de l'Islam*, Pocket spiritualité, 1996.

Ce manque d'Amour qui me fait dire qu'un enfant n'a besoin que d'une seule chose pour s'épanouir au monde et pour être heureux : l'Amour et la présence de ses parents. Le reste n'étant que secondaire, bien souvent superficiel. Combien de fois je vois des parents inonder de cadeaux leur progéniture, la laisser branchée toute l'après-midi sur une console de jeux abrutissante. Non, ça, ce n'est pas de l'Amour. Nos enfants ne sont pas heureux en passant des heures sur des jeux vidéo. On ne fait que les couper de la vie réelle. La vie ne se vit pas avec une manette en permanence greffée entre les mains. Si vous vous intéressez à eux. Que vous jouez avec eux. Que vous partagez une bonne partie de Monopoly, de dada, de Uno, de bagarre-chatouilles. Que vous partez à la recherche de traces d'un loup dans le bois le plus proche de chez vous, un bâton à la main dans le cas où il vous attaque, alors vous verrez qu'ils ne penseront plus à regarder la télévision. Et la PlayStation restera dans un coin à prendre la poussière. Nous pouvons et devons être leur héros. Nous avons le devoir de les éveiller à la vie, tout cela dans l'espoir que notre monde change. Coupons la chaîne de cette misère humaine transmise de génération en génération. Semons en eux des graines d'Amour, afin qu'ils sèment - s'aiment - à leur tour. « La meilleure manière de prendre soin du futur est de prendre soin du présent[8]. » Nos enfants sont le futur, prenons-en soin maintenant. Il ne suffit pas de leur avoir donné vie, encore faut-il leur en transmettre le goût.

Pour assurer un avenir à leurs chers bambins, certains parents travaillent dur, devenant ainsi indisponibles, souvent peu présents à la maison. Et lorsqu'ils le sont, trop fatigués pour jouer avec eux. Beaucoup de parents nourrissent de grands espoirs pour leurs enfants, au niveau scolaire. Ils pensent que, s'ils ont une bonne situation plus

[8] Jon Kabat-Zinn.

tard, ils seront heureux. Pas s'il leur a manqué l'ingrédient principal pour cela. Je ne crois pas que nos enfants soient heureux parce que nous leur assurons un avenir. Notre présence, l'Amour que nous leur portons, n'auront aucun égal pour leur bien-être. Le confort matériel dont nous les entourons ne comblera en rien le manque d'affection, lié à notre absence, qu'ils auront ressenti durant leur enfance. « Un seul être vous manque et tout est dépeuplé[9]. » Tout au long de ma vie, j'ai rencontré des gens avec de l'argent qui n'étaient pas heureux. Pourtant, ils continuaient à courir après pensant que le bonheur serait au rendez-vous. Peut-être au prochain virement de leur salaire pensaient-ils probablement. Nous laissons grandir nos enfants sur ce paradigme, avec l'illusion que le bonheur s'achète, ce n'est qu'une question de moyens. Quel mirage !!! Plus on court après le bonheur, plus on s'en éloigne nous dit le sage. Et eux aussi, à leur tour s'essouffleront à courir après. Mirage représenté par leurs tentatives pour l'approcher en pensant pouvoir s'en emparer. Tel un papillon que l'enfant poursuit dans le champ, et qui s'envole jusqu'à la prochaine fleur à chacune de ses tentatives pour l'attraper. Le bonheur ne s'attrape pas. Il se vit. Se rencontre dans chacun de nos actes du quotidien. Il est en nous et non à l'extérieur comme on tente de nous le faire croire. Papa, maman, vous m'avez dit que si j'avais un bon métier, de l'argent, une maison, une belle voiture, une femme et des enfants je serais heureux. Que ce serait le bonheur. Maintenant j'y suis. Alors pourquoi ai-je ce sentiment de vide ? Pourquoi ai-je ce sentiment dramatique d'avoir un manque ? N'auriez-vous pas oublié quelque chose dans votre liste du bonheur ? Dans nos pays industrialisés, autoproclamés modernes, la société de surconsommation à travers les films, les séries, les spots publicitaires vient étayer cette illusion fantasmagorique

[9] Alphonse de Lamartine.

que le bonheur s'achète. Cessons de véhiculer cette croyance crédule qui ne mène nulle part. En France, la deuxième cause de mortalité de nos adolescents est le suicide. Non, le bonheur et l'Amour ne s'achètent pas, mais se cultivent au cœur de chacun de nous à chaque instant…

Aujourd'hui je suis dans l'acceptation et la compréhension de ce qui s'est joué entre ma mère et moi. Conscient de l'enfant qui est resté longtemps dans l'attente de la reconnaissance de sa maman, et dont les espérances d'un Amour idéal de ses parents ont mené à tant de souffrances. J'ai bien pris conscience que, dans sa nébuleuse émotionnelle, ma mère a fait de son mieux. Il a fallu que j'attende mes quarante-trois ans pour que je puisse serrer ma mère dans mes bras, et l'embrasser avec un début de tendresse. Que je puisse poser un regard compatissant sur elle et ses souffrances. Cela aura eu pour effet de me rapprocher d'elle car je ressens ce qu'elle ressent. Je ressens son manque d'Amour. Entends son cri de désespoir d'être perdue, qu'elle aura crié tout au long de sa vie. Ne sachant être aimée, ne sachant aimer. Je vois à mon tour, toute la douleur de l'enfant bafouée, oubliée, en manque de reconnaissance, qu'elle a été. Tout cela alourdi au fil des années par la culpabilité du tort qu'elle m'aura causé. Je tente d'alléger sa peine pour qu'elle puisse partir le cœur léger, le plus en Paix avec elle-même. Ce faisant, je la vois changer, sourire plus souvent, le visage apaisé, le cœur soulagé. Je me suis ouvert à elle, ainsi, je lui permets de s'ouvrir aussi, afin qu'elle se réconcilie avec une part d'elle-même. Qu'elle puisse voir sa beauté intérieure. Beauté qu'elle ne parvient pas à entrevoir en raison de l'amertume dans laquelle elle baigne. « Après tous ces millénaires, il est clair que condamnation et punition ne changent pas l'Homme. Seules la compassion et la bienveillance permettent le miracle de la transformation. Mettre des blessures sur nos blessures, c'est bâtir la malédiction. Mettre de la tendresse sur nos blessures, c'est bâtir l'Amour[10]. » En mettant de la tendresse sur ses blessures, je lui offre la possibilité de vivre une seconde vie dans l'unité de ce qu'elle est.

[10] MARC VELLA, *l'Eloge de la fausse note*, édition Le jour, 2011.

Mon père

Que dire de mon père ? Sinon, pour résumer, qu'il a été beaucoup absent. Qu'il a, à un moment donné de ma vie, tout représenté pour moi. Puis plus rien. Avant que je ne revienne vers lui, et réalise qu'il a fait de son mieux lui aussi, que je lui pardonne, pour finir par lui dire enfin que je l'aime. Que je l'aime pour ce qu'il a fait, mais aussi pour tout ce qu'il n'a pas fait. Lui dire je t'aime tout simplement parce qu'il est là, en l'acceptant tel qu'il est. Je n'ai pas le pouvoir de changer les gens. Je n'ai que le pouvoir de changer le regard que je porte sur eux, de les accepter comme ils sont. Mon père ne m'a jamais dit je t'aime. Je doute même qu'il ait prononcé ce doux mot une seule fois dans sa vie. C'est triste qu'une personne ne soit pas capable d'exprimer ce sentiment qui nous unit, nous réunit. Pour éviter cette coupure entre lui et moi, j'ai compris que la seule attitude que je pouvais adopter, était de l'aimer du mieux que je le pouvais, afin d'éveiller ce sentiment en lui.

Mon père est né en 1942. Titi parisien comme on dit, ayant quitté l'école très tôt, avec un langage sans fioritures, directement issu de la rue avec son cortège de mots d'argot, d'expressions familières, de jurons, le rendant parfois incompréhensible pour le non initié. Mon père fait partie de ces gens ne pouvant pas faire une phrase sans la garnir de quelques grossièretés et insultes diverses. Celles-ci lui servant de ponctuation. Né dans une famille nombreuse due au fait du remariage de sa mère après la mort de son mari, alors que mon père n'avait que deux ans. Selon ses dires, ma grand-mère a enfanté quatorze fois de ses deux mariages. Je ne sais que peu de choses de l'histoire de famille du côté paternel. Mon père ne me parlait que très peu. Et lorsque je fus en âge de poser des questions, je compris à ce que j'interprétais comme une gêne, que c'était pour lui un sujet délicat qu'il n'aimait pas aborder. Tout au long de ma vie, à ma grande frustration, nous avons eu un gros déficit de communication. Je n'ai jamais échangé plus de quelques phrases avec mon père. Le plus souvent des banalités. Je pense que sa difficulté à vivre ses sentiments, a contribué à entretenir cette distance entre nous. Malgré son handicap d'avoir quitté l'école très tôt, il s'en est bien sorti grâce à un pote d'armée devenu un ami, qui a créé son entreprise de pièces détachées automobile, embauchant mon père comme représentant chauffeur-livreur. J'ai appris, depuis peu, que mon père s'est dévoué entièrement à ce travail, travaillant très dur, ne comptant pas les heures pour contribuer au développement de l'entreprise de son ami. Cela m'a apporté une lumière sur son absence du foyer ainsi qu'à mes côtés durant mon enfance. Absence créant un manque d'Amour de ce père invisible, générant une grande frustration en moi. Un père inexistant en comparaison de l'attente de l'enfant que j'étais et du modèle qu'il représentait à mes yeux. Ce boulot que lui a octroyé son ami lui a permis d'exister, d'améliorer sa condition mais aussi de parvenir à nourrir sa famille. Il a vécu cela comme une revanche. Sa réussite le rendant arrogant, souvent intolérant. Il en arrivait même à me prédire, durant mon enfance, un emploi de futur éboueur en réaction à mon manque de réussite scolaire. Ne pouvant m'aider, cela devait être sa façon de m'encourager, en agitant le fantôme du pire.

Petit, je me souviens que je lui en voulais aussi, lorsque je venais lui demander de me lire une histoire et qu'il me le refusait. Prétextant une fois être trop occupé, une autre fois être fatigué ou bien me répondant qu'il arrivait et moi, forcément, ne le voyant pas arriver, je finissais par m'endormir, le livre que j'avais choisi serré dans mes bras. Avec le temps, lassé, je finis par ne plus le lui demander. Blessé de tant d'indifférence, me laissant avec un sentiment de rejet et d'abandon. Je n'ai pas connu le plaisir de ressentir la joie d'un papa, assis près du lit, me lisant un conte pour m'endormir. La joie de le voir les yeux attendris par l'Amour de son fils chéri. Ni goûter la joie de sentir un bisou sur le front et d'entendre « bonne nuit, dors bien, fais de beaux rêves. » Me catapultant de la plus belle des manières vers des contrées féeriques et enchantées. Ce n'est que depuis peu que j'ai pleinement réalisé que mon père ne savait pas lire. C'est en regardant une émission sur l'illettrisme que j'ai compris ce handicap qui était le sien, et mesuré la difficulté que cela a sûrement été pour lui. Levant du même coup, pour moi, le voile sur son arrogance due à sa réussite professionnelle, ainsi que sur sa violente intolérance envers ceux qui échouent. En écoutant un père expliquant ses difficultés quotidiennes, notamment lorsqu'il a énoncé les excuses qu'il donnait à ses enfants pour éviter de les aider pour leurs devoirs, j'ai accepté ce qui était une évidence. Ce que je fuyais inconsciemment depuis le début. Pourtant, lorsque je vivais avec lui, il me demandait de remplir des formulaires à sa place, de remplir des chèques à l'avance pour lui. Pour justifier cette demande que je ne comprenais pas, je mettais ça sur le compte du manque de temps. Je n'ai jamais imaginé un seul instant, que mon père pouvait ne pas savoir lire et écrire, où tout du moins, ne pas être à l'aise avec ces deux exercices.

Suite au divorce, nous sommes restés mon frère et moi, vivre avec notre père. Absent le plus souvent, c'est sa sœur, habitant dans la même tour deux étages plus bas, qui s'occupait de nous, les soirs où il rentrait tard. C'est à partir de là que mon passé de délinquant a débuté, mon père étant bien plus laxiste que ne l'était ma mère. Mère partie vivre sa vie de femme, je l'ai vue bien moins durant les trois années suivantes. Pour illustrer cette dérive, j'aime raconter cette anecdote. En est-ce une d'ailleurs ? N'était-ce pas là le point de départ des dix prochaines années de ma vie qui allait s'écrire ? Un soir, je rentre à la maison, il est deux heures du matin, mon père dort. Prenant le plus grand soin pour ne pas faire de bruit, pensant qu'il ne m'a pas entendu rentrer, je pars me coucher en étant rassuré. Le lendemain matin, je comprends qu'il n'en était rien. Dès qu'il m'aperçoit, il me demande de m'approcher, me demandant d'un ton sévère : « A quelle heure es-tu rentré cette nuit ? », je réponds craintivement du bout des lèvres : « Euuuhhh !!! Miiiii-nuiiit. » Il me lance rudement : « Deux heures du matin. C'est la première et la dernière fois que tu rentres à cette heure. » Quelques jours plus tard, une fois de plus occupé avec les copains à traîner dans la cité, je rentre de nouveau très tard. Je m'attends à déguster au réveil. Le lendemain au petit matin, mon père ne m'a rien dit. Je comprends aujourd'hui que la porte de ma perdition venait de s'ouvrir en grand, et de surcroît que mon père ne m'en a pas fait obstacle. Je n'ai pas hésité, je m'y suis engagé comme un grand. J'avais un peu plus de douze ans.

Livré à moi-même dans ce milieu hostile de violence, de prédation, de débrouille, où la loi du plus fort prévaut sur toute autre valeur, il me semble que je n'avais que deux choix. Le premier était d'être un agneau, de subir, mais je ne m'en sentais pas la force, j'avais assez été victime jusque-là. Il faut une sérieuse maîtrise mais également une grande confiance en soi pour parvenir à résister à la violence qui règne au cœur de la cité, sans, toutefois, devenir soi-même violent pour s'en protéger. Prendre cette voie de la violence est plus facile. J'admire ceux, très rares, qui auront su s'en écarter. Et je témoigne beaucoup de compassion à ceux qui auront dû l'endurer, la supporter au quotidien. Car à la cité, il valait mieux ne pas être une proie. Le second choix était de devenir un loup pour me défendre mais impliquait aussi de devenir un prédateur pour autrui. Etre suffisamment intimidant pour repousser mes agresseurs. Bien faire comprendre à celui qui s'y essaierait, qu'il pouvait tenter l'agression mais qu'il lui en coûterait. Qu'il comprenne bien avant qu'il ne passe à l'acte, qu'il y laisserait des plumes. Voire peut-être plus. J'optai, sans m'être posé la question tant cela était une évidence, pour la seconde solution. Cela eût pour conséquence d'ancrer en moi durablement la démesure de la violence, devenue mon seul moyen d'expression pour résoudre un problème. Je me suis longtemps débattu avec elle et je cherche maintenant, à l'éradiquer définitivement de ma vie.

Sans aucun diplôme jusque-là, à l'âge de vingt-quatre ans, en passant par un centre de formation pour adulte, j'ai obtenu un titre me qualifiant. Cela m'a permis d'accéder à une bonne situation professionnelle, bien rémunérée, en tant que technicien de maintenance électroménager, dans un grand groupe parisien. Ce fut la réponse que je fis à mon père, pour lui signifier qu'il s'était trompé sur mon inaptitude à réussir. J'étais fier de ce diplôme obtenu. J'ai attendu longuement qu'il reconnaisse son erreur de jugement à mon encontre et qu'il s'en excuse. Excuses qui ne sont jamais venues. J'ai grandi et n'en ressens plus l'utilité. Je sais les sacrifices consentis, le travail fourni, ce que j'ai dû accomplir pour y parvenir. Je sais ce que je vaux, et je n'ai plus besoin de lui pour me le certifier. Mais cela fut douloureux. Parfois cette rage insufflée lorsqu'il prononçait ces mots blessants, en me rabaissant à un travail peu gratifiant, me servait de moteur. Je voulais réussir, non pas pour moi, mais seulement pour lui prouver qu'il s'était trompé. L'humilier à mon tour en réussissant mieux que lui. Egaré par ma rancune, je pensais que moi, je ne serais pas qu'un simple chauffeur-livreur. J'ai compris rapidement que cela ne pouvait être une bonne source de motivation. Si je réussissais, je devais ne le devoir qu'à moi-même, propulsé par une intention plus saine et constructive. Remplacer ce carburant de rage, qu'il m'avait inspiré à ce sujet, par la soif saine et revigorante de vouloir m'en sortir. J'avais compris depuis longtemps que la seule façon de m'extraire de l'ornière de la délinquance, de l'argent facile qui l'accompagne, était d'obtenir une indépendance financière honnête. Je vivais de plus en plus mal le fait de voler le bien d'autrui, ne me satisfaisais plus de cette situation. Jusque-là, les multiples petits boulots, bien souvent salissants, éreintants, qui plus est mal rémunérés, ne m'avaient pas permis d'obtenir cette indépendance indispensable pour être libre de toute tentation « d'arrondir les fins de mois. » Je voyais bien, en observant la génération qui me devançait, que l'horizon était bouché pour eux. Sur le long terme, il n'y avait rien à attendre de bon en restant sur cette voie. La culpabilité de voler des personnes ayant parfois travaillé durement plusieurs mois pour se payer leurs biens, a fini par devenir de plus en plus oppressante, par prendre le dessus. Ce travail de technicien valorisant et rémunérateur, avec le respect de ma hiérarchie, m'a permis de tourner définitivement le dos à ce passé délictueux. Me permettant d'aller de l'avant sur ce chemin de Paix qui se profilait. Finalement, les remarques désobligeantes de mon père, à propos de mon futur métier, eurent du bon dans un premier temps, en contribuant à alimenter ma rage de vouloir m'en sortir.

Mon père ne m'a pas aimé comme je l'aurais souhaité, mais d'une manière imparfaite à mes yeux. Il m'a aimé à sa façon, comme il le pouvait et je m'aperçois que c'est déjà beaucoup. On ne peut offrir que ce que l'on possède. A une époque, j'en attendais trop, et j'ai souffert devant son incapacité à pouvoir me donner plus. Je l'aime car je réalise aujourd'hui toute la souffrance que peut représenter le fait de ne pouvoir dire « je t'aime » à ceux que l'on aime. Ne pas pouvoir, avec des mots, par de simples gestes, exprimer l'Amour qu'on leur porte. Le mot même embarrasse. Quelle souffrance de devoir séquestrer, verrouiller, murer son affection pour les autres. L'ensevelir sous une chape d'interdits, de retenues, de peurs ne permettant pas à la joie de s'exprimer. Incapacité de s'ouvrir à la vie, au bonheur. Comme l'a dit Baden Powell : « Le meilleur moyen d'atteindre le bonheur, est de le donner aux autres ». Oui, c'est du pur bonheur de rendre les autres heureux. J'ai longtemps eu honte de vivre, d'exprimer mon Amour envers les personnes que j'aimais. Quelle frustration ! C'est en m'éveillant à ce sentiment que j'ai pu mesurer l'immensité de l'étendue de cette souffrance. Chaque jour je tente de grignoter du terrain sur ce no man's land que représente la non-acceptation de tout cet Amour qui m'habite. Chaque jour j'apprends à aimer un peu plus. A rayonner sur mon entourage cet Amour qui grandit en moi, me guidant vers le meilleur. Apaisant mes souffrances, cicatrisant mes blessures du passé. Je suis libéré, soulagé, heureux d'avoir eu le courage de dire à mon père pour l'anniversaire de ses soixante-dix ans « Papa je t'aime. » Qu'il est triste que je parle de courage pour parvenir à exprimer ce sentiment unificateur et pacificateur. L'Amour n'a pas de frontières, ni de limites, il ne tient qu'à nous, chaque jour, d'en élargir son horizon. Avancer sur ce chemin que bon nombre ont peur de s'y aventurer par crainte de souffrir toujours plus. Chemin qui mène pourtant vers la non-souffrance…

Lorsque je manifeste qu'il est salutaire de développer plus de tolérance et d'Amour les uns envers les autres, les gens me répondent que je suis un doux rêveur. Peut-être, mais je ne suis pas le seul. Même minoritaire, je préfère être dans cette alliance. Les gens veulent garder ce qu'ils pensent être un pouvoir. Le pouvoir de se mettre en colère. Cela rassure, en pensant que l'on peut détruire ce qui nous ennuie ou ce qui semble nous nuire. La colère, la haine forment une prison qui morcelle celui qui s'y laisse enfermer. Ce sont alors les autres qui ont un pouvoir sur nous. Ils ont le pouvoir de nous faire perdre le contrôle de soi. La violence est une réaction de désespoir, d'impuissance, face à notre vulnérabilité, nos blessures que l'on cherche à masquer. La violence, qu'elle soit verbale ou bien physique, est la force du faible. Je me suis longtemps cru fort. Il est plus facile, beaucoup plus facile d'insulter, de donner un coup de poing à celui dont on pense qu'il nous offense, que de voir sa souffrance, pardonner son acte et lui offrir notre compassion. La colère est une émotion ravageuse empêchant l'Amour de grandir en soi. L'Amour véritable est bien plus fort que tout. Plus on déploie ce sentiment, plus on ouvre son cœur et moins on se sent agressé. En déployant mon Amour j'ai développé mon aptitude à l'empathie face à la douleur de l'autre. Alors, nous ne nous sentons plus distant de sa souffrance. Le monde dans lequel on évolue change, il prend une tout autre dimension. Miraculeusement il s'adoucit alors même que l'on se désarme. Ce n'est plus le monde qui nous fait changer, mais le monde qui change parce que nous changeons. « Un seul être s'élève et c'est toute l'Humanité qui s'élève », nous dit Gandhi.

J'ai souffert de ne pas avoir eu une mère aimante et j'ai souffert de ne pas avoir eu un père plus proche de moi, uni dans une complicité père-fils. Peu après mes quinze ans, mon père est allé s'installer dans un petit village près de Lyon, pour rejoindre sa nouvelle femme. J'ai dû, de mon côté, partir vivre avec ma mère, qui avait déjà récupéré mon frère deux ans plus tôt. Je ne vis mon père plus que deux à trois fois par mois, chez sa sœur qui habitait Drancy et le logeait lorsqu'il remontait sur Paris pour son travail. Chaque fois que nous nous y retrouvions, il avait toujours ces deux sempiternelles questions : « Tu travailles bien à l'école ? » à laquelle je répondais avec culot « oui. » Sans pour autant qu'il demande à voir mon bulletin scolaire. Dans ce cas, il se serait vite aperçu de mes résultats calamiteux et donc que je lui mentais. Mensonge plein de provocation devant son indifférence. Puis il enchaînait sur : « Tu joues toujours au foot ? » Interrogation à laquelle je répondais avec lassitude : « Oui. » A la suite de cette réponse, la discussion était close pour le restant de la soirée. Après le repas, « en famille », nous regardions la dernière séance présentée par Eddy Mitchell. Je cherche encore une seule chose que mon père a pu m'apprendre, un mot, une phrase où il m'aurait dit : « Fils, je serais à ta place, je ne ferais pas ça… » Ou bien : « Fils, je pense que dans ton intérêt, il serait mieux que tu agisses ainsi… » Non, rien. Ce n'est pas lui qui m'a appris à tenir ma fourchette. Pas lui qui m'a appris à dire merci. Pas lui qui m'a appris à lacer mes chaussures. Pas lui qui m'a enseigné le respect. Pas lui qui m'a emmené à mes entraînements de foot. Pas lui qui est venu me voir jouer les jours de match. Pas lui non plus qui m'a pris par la main, ne serait-ce qu'une fois, pour partir ensemble faire une balade. Enfant, il n'y eut que de rares fois le mercredi où il m'emmena avec lui dans son camion pour sa tournée. Durant cette journée transcendante, j'étais avec lui, rien qu'avec lui, et je pouvais lui montrer combien il comptait pour moi. Combien j'étais fier de mon papa. Bien que de petite taille, mon père était le plus grand à mes yeux. Il représentait pour moi, ce qui est paradoxal pour un homme, la douceur, le bien être, le cocon rassurant dans lequel on aime plonger. Éclipsant durant quelques heures mes angoisses d'enfant battu. J'aimais être près de mon père durant mon enfance. Là, près de lui, je me sentais protégé. Je savais qu'il ne pouvait rien m'arriver. Je me sentais libre. Libre de mes peurs, des craintes que ma mère m'inspirait. Elle ne pouvait m'atteindre et je vivais pleinement cette sensation de liberté, bien que cela fût rare. C'est aussi la raison qui a fait que je n'ai jamais rien dit à mon père des violences que je subissais, malgré les menaces à ma mère de tout lui raconter. Aussi bizarre que cela puisse paraître, je ne voulais pas gâcher, détruire ces instants formidables passés à ses côtés. Altérer cette sensation de complicité que je ressentais auprès de lui. Ce secret douloureux que je gardais en moi m'unissait à lui sans qu'il le sache. Je ne voulais pas que cette histoire vienne salir le peu de rapport que nous entretenions. C'était mon jardin extraordinaire. Chacun des moments que je passais à ses côtés, même s'ils furent rares, étaient magiques pour moi. Ou du moins, je les rendais magiques. Il n'était pas encore à mes yeux à cette époque, ce père indifférent qui finirait par prendre place dans mon cœur. Mon cœur d'enfant interprétait le fait qu'il ne me gronde pas, ne me tape pas, ce qui était une forme de désintérêt ou d'ignorance, pour de l'Amour. A l'identique de beaucoup de papas, mon père n'a pas su me démontrer son Amour. Cette incapacité d'aimer leur fait généralement prendre de la distance avec leur descendance. A trop répéter à un petit garçon, bien souvent leur propre mère, qu'un homme ça ne pleure pas, on finit par le couper de l'essence même de ce qui fait un Homme. Pleurer n'est pas une faiblesse mais l'expression de sa sensibilité.

La douleur du vide éprouvé par le manque d'intérêt de mon père pour moi finira par m'éloigner de lui. Lassé également qu'il oublie chaque année de me souhaiter mon anniversaire, j'en vins à lui écrire une lettre pour mes dix-neuf ans, lui disant que je considérais à ce jour que je n'avais plus de père. Qu'il était mort à mes yeux. Tout comme ma mère que j'avais reniée par le passé, c'était là encore, un moyen de protection que j'utilisais pour me prémunir de la souffrance que provoquait cet oubli. Oubli ramenant chaque année à réaliser que mon père ne savait pas quel jour j'étais né. Remuant, tel un couteau dans une plaie béante, la douleur de toute cette indifférence mal vécue. Attisant un sentiment d'humiliation du déni de ma personne. Ravivant ce puissant sentiment d'abandon ressenti jusque-là au cours de ma vie. Je lui en voulais terriblement au point de souhaiter qu'il disparaisse de ma vie. Comment se construire sainement, s'ouvrir pleinement au secret de la vie, s'épanouir à l'Amour lorsque les deux êtres les plus proches de vous, ne vous en montrent pas le chemin, vous en bloquent l'accès ? Pire, vous en dévient… ?

Je n'avais pas encore, à cette période, réalisé que mon père ne savait pas lire. Aujourd'hui, je me dis que soit il n'a pas lu cette lettre, soit il a dû la faire lire par quelqu'un d'autre et s'est retrouvé devant une personne qui lui annonçait que son fils le considérait comme mort. J'imagine alors, dans le cas de cette hypothèse, tout le malaise que cela a pu occasionner et sûrement générer pour lui, douleur et souffrance. Bien que cela me hante, je ne suis pas encore parvenu à lui en parler, à réussir à lui demander s'il avait bien reçu puis lu cette lettre. Je ne suis pas fier de cet acte plein d'égoïsme. Bien que je comprenne que ce sont les émotions du moment qui ont dicté mes mots et ma décision. Une fois encore, je n'ai pas su voir la souffrance de l'autre. Je réalise toute l'incompréhension, la déchirure que cela aura pu engendrer en lui, lui renvoyant certainement une mauvaise image de sa personne. Et dans le cas où il ne l'aurait jamais lue, je ne me vois vraiment pas, trente ans après, me mettre devant lui et lui demander : « Dis-moi papa, tu as lu la lettre où je t'annonce que je considère que je n'ai plus de père, que tu es mort pour moi ? » Non, très sincèrement, je préfère de loin rester sur l'interrogation qui me hante, plutôt que voir dans ses yeux une quelconque honte. Ou bien ranimer une souffrance enfouie, qu'il aurait, je le lui souhaite, parvenu à surmonter. Au regard de ce que je sais de sa vie, il n'a vraiment pas besoin de ça. Que l'un de ses fils vienne le poignarder. Mon pardon, je le lui ai accordé, je le lui ai prouvé en lui disant que je l'aimais. Je suis ravi d'avoir pu le lui dire, soulagé que la vie m'en ait laissé le temps de son vivant. Que cela puisse le mettre en Paix, tout du moins avec moi. Au vu des événements qui ont suivi, je sais que oui. J'applique avec Amour ce dicton : « Si tu n'as pas ce que tu aimes, alors aime ce que tu as. » Il sait maintenant qu'il a un fils qui aime le papa qu'il est, et le réhabilite avec Amour de ce qu'il n'est pas. Tu ne liras, peut-être, jamais ces lignes, mais oui papa : « Je t'aime. »

L'Amour effraie. On ne nous apprend pas à dévoiler toute sa pureté. Bien au contraire la société nous éduque à le vivre comme un sentiment de faiblesse qui nous laisse désarmés devant l'adversité. Ne dit-on pas : « Il est trop gentil », « trop bon, trop con. » Par ces expressions, on incite les gens à se limiter, à se méfier, à rester fermés sur eux-mêmes. « N'en fais pas trop », « ne sois pas trop gentil, trop aimant ou tu risques de le regretter » semble-t-on nous souffler. On n'est jamais dans le « trop » quand on agit par Amour. Je sais maintenant, qu'il ne nous manque rien lorsqu'on donne avec Amour. C'est celui qui ne sait l'accueillir et qui le bafoue, qui doit se poser des questions : « Ai-je bien fait ? », « ai-je bien réagi ? », « ai-je été en vérité. » Car celui qui a agi avec sincérité n'a pas à se poser ces questions. Ne renversons pas les rôles. Notre société a pour habitude, telle qu'elle s'est construite, de se moquer du faible, de culpabiliser la victime. On rit du cocu. On soupçonne la femme violée de l'avoir cherché, le chômeur d'être un fainéant en puissance. Railler celui qui ne voit pas le mal en autrui de s'être fait avoir par un margoulin, voilà ce qu'il faut changer, le regard que nous portons sur les autres. Il est important d'apprendre à développer notre compassion devant la souffrance présente en chacun de nous. J'en suis convaincu : ne fait du mal que celui qui souffre. Ne fait du tort que celui qui est révolté de son sort. Ne blesse que celui qui est dans la douleur. Ne condamne que celui qui est dans l'ignorance de la blessure qu'il cause. C'est pour tout cela que j'ai réalisé la peine que pouvait être celle de mes parents et accompli ce chemin me rapprochant d'eux. Ne pardonne pas celui qui vit dans le tourment des souvenirs des blessures subies. Et à son tour, blessé, fait souffrir. La boucle est bouclée et le monde ne change pas. Reconnaître sa souffrance est la première démarche salvatrice pour un monde meilleur. J'ai reconnu la douleur que m'avait causée la souffrance de mon père et ma mère. C'est cela qui m'a permis de leur pardonner, pour qu'enfin, je puisse voir et reconnaître leur propre malheur. Comprendre qu'ils n'avaient pas agi contre moi, mais parce qu'ils n'ont pas pu, n'ont pas su faire autrement. De la souffrance opposée à de la souffrance peut-elle donner naissance à de l'Amour ? Pour accéder à sa liberté d'être, le pardon est incontournable. En accordant mon pardon à mon semblable, tout comme lui, j'accepte d'être imparfait. C'est en s'autorisant d'être imparfait que l'on devient parfait. Cette démarche de compréhension de ses blessures et celles de l'autre, mène de la colère à la Joie, de la rancœur au bonheur, de la haine à l'Amour.

J'ai donc grandi entre une mère violente qui me répétait qu'elle m'aimait après une raclée. Et un père qui ne m'a jamais touché, en bien ou en mal, et qui à ce jour ne m'a jamais dit : « Je t'aime. » Pas évident de se construire et de trouver le juste milieu entre ces deux extrêmes…

Mes grands-parents

Bien que ma grand-mère maternelle fût autoritaire, elle ne m'a jamais frappé. Elle était autoritaire mais juste. Elle ne basculait pas dans l'autoritarisme qui rabaisse le subordonné à un statut d'inférieur, initiant en lui d'un sentiment d'humiliation, d'injustice, de dévalorisation de sa personne, amenant perte de confiance en soi et colère refoulée. Ses remarques étaient toujours justifiées dans un but d'éducation saine et positive. J'apprenais les règles de vie, de politesse dans le respect de mon être. J'étais vu comme un enfant, non comme un souffre-douleur. Ma grand-mère avait cette autorité naturelle qui imposait le respect, qui faisait que l'on ne discutait pas ses directives. Les consignes qu'elle prononçait de manière sèche étaient empreintes de douceur, habillées de chaleur humaine rassurante. J'avais confiance en elle et ressentais sa bienveillance à mon égard. J'appréciais cet Amour parfois contraignant, mais d'une équité parfaite entre le trop que représentait ma mère et le pas assez imagé par mon père.

Elle incarnait parfaitement le rôle d'une grand-mère. Elle nous mijotait de bons petits plats. Cuisinait de savoureuses soupes avec les légumes du jardin. Confectionnait des tartes plus délicieuses les unes que les autres et elle n'oubliait jamais l'heure du sacro-saint goûter. Elle savait savamment doser la rigueur et la permissivité. Encourager sans sublimer, blâmer sans démoraliser, conseiller sans rabaisser, ordonner sans soumettre, gratifier sans excès. Elle avait cette justesse et cette équanimité qui la rendaient aimante. Je me souviens des rares mercredis après-midis, quand j'avais la chance qu'elle me garde, et que nous partions, après mes devoirs, main dans la main à la boulangerie. Arrivés devant la vitrine, j'avais droit à un pain au chocolat ou bien un pain aux raisins. Ensuite, nous passions à la librairie où je pouvais choisir cinq paquets d'images Panini afin de compléter mes albums. Choix qui se partageait entre mes passions qu'étaient le football, les Amérindiens et les animaux. Ces rares instants de Paix sont gravés de manière indélébile dans ma mémoire. J'étais son premier petit-fils, elle en était très heureuse. Tous ces bons moments sont rangés au rayon bonheur de mes souvenirs d'enfance.

Quant à mon grand-père, j'étais pour lui le bon copain sur qui il pouvait expérimenter ses blagues, assuré d'avoir un bon public. Une fois c'était, lorsque nous travaillions au cabanon, « va demander de l'huile de coude à mémère. » Une autre fois, « va me chercher l'échelle sans barreau » ou encore « passe-moi le marteau sans manche. » A chaque fois, à mon retour bredouille, il jubilait, goguenard devant mon air déconfit suite à mon insuccès. Il riait sans retenue lorsque, le visage très interrogatif, je lui demandais : « Pépère, elle est comment l'échelle sans barreau ? », « Il est où le marteau sans manche ? » Et lui, gardant bien le secret de ces outils imaginaires, me répondre : « Laisse, je vais faire autrement. » Cela lui promettait, ainsi, une nouvelle crise de rire, lors de sa prochaine demande d'assistance.

Mon grand-père n'abusait pas seulement de ma crédulité enfantine. Il m'emmenait à la chasse, où là il n'était plus question de blague, c'était sérieux. A la pêche à la truite, au bord d'un étang où nous passions de beaux après-midis, comme deux bons vieux copains s'isolant pour cultiver l'intimité de leur camaraderie. Il m'emmenait également, bien que cela soit strictement interdit par la loi, attraper des grenouilles, ou bien poser des nasses dans la rivière pour attraper des vairons[11] que ma grand-mère nous servait en friture. Mon grand-père était un enfant du pays, il connaissait bien les bons endroits pour ce genre de pratique prohibée. Evidemment, tout cela de nuit, éclairés seulement d'une lampe torche pour ne pas être vus afin d'éviter le garde-pêche du secteur. Je souriais intérieurement lorsque nous croisions celui-ci au bistrot du village et que mon grand-père qui le connaissait bien, parlait avec lui de choses et d'autres, parfois même de ces braconniers qui ne respectaient rien. Mon grand-père, l'esprit potache de nouveau, attendait que le garde-pêche prenne son verre, pour se tourner vers moi tout en me faisant un clin d'œil, le sourire en coin. Il s'amusait de cette filouterie. Je m'amusais de ce secret partagé qui me faisait entrer dans le grand banditisme campagnard. Pour finir, mon grand-père payait la tournée, saluait son interlocuteur du moment tout en lui lançant : « Allez, elle est pour moi celle-ci ! » Ah ça ! pour être pour lui, elle était pour lui. Connaissant son esprit moqueur, je n'ai jamais su s'il parlait bien de la tournée ou de la blague qui venait de l'amuser. Arrivés dehors nous éclations de rire dans un partage unificateur de générations. Sur la route du retour, encore dans l'allégresse du moment, mon grand-père s'amusait à me faire crier quelques moqueries hasardeuses par la fenêtre de la voiture, aux passants qui arpentaient le trottoir. Celle qu'il préférait était, lorsque nous croisions une femme forte, de m'entendre lui crier : « Elles sont pas chères les patates cette année ! » Je jubilais de ce rôle de polisson, tout en me réjouissant de le voir autant rire. Le problème, lorsque ma grand-mère était avec nous dans la voiture pour un déplacement quelconque, c'était qu'emporté par mon euphorie de faire rire grand-père, j'ouvrais la fenêtre en lançant une remarque désobligeante qu'il m'avait

[11] Petit poisson d'eau douce.

soufflée la veille. Dans ce cas, nous nous faisions illico sermonner par ma grand-mère, lui pour m'apprendre ce genre d'âneries, moi pour les avoir répétées bêtement. Là encore, nous nous amusions dans une douce complicité de ce recadrage moralisateur. Je ne compte plus le nombre de fois où mon grand-père m'aura dit : « Tu ne le répèteras pas à ta grand-mère surtout", lorsqu'il savait m'emmener sur les chemins de traverse de bonne conduite, faisant de nous de joyeux lurons pleins de malice. C'est lui le premier qui m'apprit à flirter avec la ligne blanche de l'interdit, me donnant le goût de l'exaltation du frisson de celui qui brave l'autorité. Moi l'enfant soumis, je me délectais de ces moments. Moments qui faisaient de moi son acolyte complice de ces entorses aux règles à ne pas enfreindre. Me démontrant, malheureusement que cela était possible. Je me servirai plus tard de cet apprentissage transmis de manière anodine et légère, mais dévastateur dans le futur. Je ressentais là, déjà, l'excitation du jeu du gendarme et du voleur, « pas vu pas pris », que je développerai durant mon adolescence de manière plus risquée et bien plus dangereuse. J'en tirais ma propre morale, « rien n'est interdit, suffit juste de ne pas être pris. » On peut se rendre compte au passage, de l'importance du rôle de modèle que revêtent les adultes aux yeux d'un enfant, et donc du devoir d'exemplarité qui s'y rattache.

Quand nous partions à leur maison de campagne à Appremont près de Rozoy-sur-Serre dans l'Aisne, hameau peuplé d'une cinquantaine d'habitants tout au plus, là près de mes grands-parents, la vie avait une tout autre saveur. Je vivais. Je respirais la vie. J'humais ses nouvelles senteurs champêtres avec le plaisir du renouveau. Je me réjouissais des gazouillis printaniers des oiseaux à la perpétuelle bonne humeur, gommant d'un seul son le chaos des cris de ma mère. D'un regard neuf, je m'abreuvais de la verdure du jardin que pépère cultivait, jardin satiné des couleurs des fleurs que mémère entretenait, effaçant d'un coup le grisâtre des tours de la cité qui me voyait grandir. Je m'amusais d'entendre l'âne braire, les vaches beugler, les moutons bêler, concert improvisé provenant des champs entourant la maison. Je m'essoufflais, à en perdre haleine, de courir après des papillons multicolores dans l'espoir qu'ils partagent avec moi le secret du flamboiement de leur métamorphose. Je m'allongeais simplement sur l'herbe, réchauffé par les rayons du soleil, pour sentir le vent glisser agréablement sur moi, tout en salivant devant les immenses barbes à papa que représentaient les nuages glissant sur le ciel bleu de mes vacances estivales. Dont j'aurais aimé me régaler si mon bras avait été assez long pour les toucher. Ecoutant, tel un mélomane averti, la symphonie battante du vol d'un bourdon, surfant de fleur en fleur afin de déclarer sa flamme éphémère à chacune d'entre elles, pour une liaison tout aussi fugace que passionnée, de deux êtres qui s'offrent l'un à l'autre, le temps d'un instant d'extase. Le bourdon repartant rassasié, la fleur rassurée sur sa descendance future. Chacun participant au magnifique concert de l'hymne à la vie, comme seule la nature sait admirablement nous le manifester. Je m'émerveillais de la magie que pouvait présenter l'arc-en-ciel venu griffer le ciel gris, de sa beauté narcissique, idéal esthétique dont aime se parer Mère Nature. Me perdre dans le vol virevoltant des hirondelles en chasse, motivées par une boulimie de moucherons avant leur grand départ pour d'autres cieux, se préparant à fuir l'hiver qui approche. M'extasier d'observer une abeille perchée en haut d'un pistil pour butiner le pollen d'une fleur généreusement offerte. Me régaler d'un combat de titans, à l'issue improbable, entre une fourmi et une araignée. Fasciné que j'étais, par ces deux monstres voraces du monde des insectes. Ebloui par le caractère vaillant et déterminé de la fourmi à vouloir s'en sortir face à un adversaire bien plus imposant qu'elle. Me poser, assis par terre, pour admirer l'embrasement du ciel, allumé par les derniers rayons du soleil couchant, les soirs d'été. Embrasement qui annonçait le crépuscule d'une journée qui était pour moi, un folklore de costumes inconnus dont se pare la nature. Une fête foraine aux sons magiques et reposants. Un immense parc de jeux à l'horizon indéfinissable, un feu d'artifice de couleurs me donnant le sentiment d'un bouquet final sans cesse renouvelé. Un anniversaire joyeux, plein de nouveaux amis heureux et aimants, tous venus pour moi. Je pouvais partir me coucher sans crainte, l'âme en Paix de tout cet Amour reçu de Dame Nature. Je savais que ma nuit serait douce, bercée de montagnes de souvenirs aux flancs vertigineux de délices multiples, aux versants illuminés de joie de vivre, aux hautes crêtes pointées d'espoir en un lendemain meilleur. Une nuit peuplée de rêves d'aventures dont je serais incontestablement le héros. Un héros bon, protecteur, compatissant pour les plus faibles, aux allures de justicier pétri de bravoure et d'indulgence envers les plus forts.

Les repas étaient d'un rituel immuable. Aux mêmes heures, midi pour le déjeuner, dix-neuf heures pour le souper. Ma grand-mère sur ma gauche près des fourneaux, moi au milieu, dos à la véranda, mon grand-père sur ma droite près du réfrigérateur et surtout, à côté du poste radio. Poste radio d'où sortait, tous les midis, invariablement, la voix de Fabrice animateur de la valise R.T.L., célèbre invité venant animer notre repas, dont il ne fallait surtout pas couper les interventions. Mon grand-père notait sur un calepin posé sur le bord de table, chaque nouvelle somme venant grossir la cagnotte avec l'espoir de la remporter, dans le cas où Fabrice aurait appelé. Ce qui n'est jamais arrivé. Le soir pas de radio, seulement la voix de mon grand-père qui nous rapportait quelques anecdotes glanées dans la journée pour finir par égrener le programme du lendemain. Le repas terminé, je partais me laver les dents. Ensuite j'avais le droit d'aller m'allonger dans le lit avec mon grand-père, devant la télévision en noir et blanc, pour regarder « histoire sans paroles. » Là, c'était mon grand-père qui devenait bon public, se tordant de rire devant des sketches de lancers de tartes à la crème, de distribution de gifles, de chutes en tous genres. Je me divertissais plus de le voir se poiler, que de regarder ces gags grossiers qui ne m'amusaient pas toujours. Ensuite, à l'heure du film, je cédais la place à ma grand-mère pour partir me coucher dans la chambre d'à côté où un grand lit m'attendait. J'aimais me glisser sous la lourde couette qui venait m'écraser de toutes ses plumes. Mes grands-parents vivaient à l'ancienne, ne chauffant qu'une seule pièce, en l'occurrence la cuisine. Alors autant dire que durant les vacances de Noël, l'hiver venu, le lit était glacial. J'avais donc droit à une brique bien chaude, emballée dans du papier journal, sur laquelle je pouvais poser mes pieds pour les réchauffer et finir par me sentir au chaud dans ce nid douillet. Je goûtais avec jubilation à la solitude que me procurait ce grand lit rien que pour moi.

Pour m'amuser je pouvais compter sur Pollux, l'épagneul breton de mes grands-parents. C'était un formidable compagnon de jeux. Certes, je ne lui laissais pas le choix, cependant, il était toujours partant pour une aventure. Il ne rouspétait jamais du rôle que je lui attribuais lors des histoires que j'improvisais, au gré de mon imagination. Tantôt il se changeait en capitaine pirate, dont la niche devenait le lugubre vaisseau, tantôt fidèle serviteur comme écuyer du grand chevalier brave et téméraire que j'incarnais. Et parfois, il se métamorphosait en un terrible dragon au pouvoir maléfique, et là, pour le coup, il fallait déployer une très grande imagination pour se le représenter crachant du feu. Pollux avait cette bonhomie nonchalante des chiens de personnes âgées dont on n'imagine pas un seul instant qu'il puisse vous faire le moindre mal. Toujours à venir vers vous en balançant la queue de droite à gauche, la tête légèrement inclinée de côté, dans un air de soumission propre au chien heureux de son sort auprès des humains. « Je t'aime tu sais. Tu peux me caresser tant que tu veux ou me jeter la ba-balle, j'irai toujours la chercher avec joie si cela te fait plaisir » semblait-il vouloir dire à chacune de nos rencontres. Il était le fidèle et zélé serviteur de mes fabuleuses histoires sorties tout droit de mon imaginaire d'enfant, pour jouer à la perfection le rôle dont je le personnifiais. Avec notre chienne Câline, Pollux aura grandement contribué à développer mon affection pour les animaux et le respect que je leur porte. Leur Amour ne dépendait pas d'états d'âme fluctuants, venant obscurcir les relations comme les êtres humains. J'accueillais avec grande joie cet Amour pur, sincère, dénué d'intérêt, et chaque jour renouvelé inlassablement, avec la même ferveur, réveillant un sentiment galvanisant d'être unique à leurs yeux. Un Amour exalté qui laissait transparaître comme une joie de nous savoir toujours en vie auprès d'eux, et les amenait à se réjouir à outrance de cette bonne nouvelle.

Cet univers pacifique explosa en même temps que le divorce de mes parents. Ils ont fait partie, durant cette année 1976, des premières grandes vagues de divorces qui ont suivi, dû aux effets des événements de mai 68 qui ont bousculés la société. Certaines femmes osaient leur émancipation en passant à l'acte. Elles osaient braver les interdits jusqu'alors véhiculés de siècle en siècle, braver la société et sa morale judéo-chrétienne, subjective, transmise de descendance en descendance. L'idée préconçue et admise, qu'une femme ne quitte pas son mari, son foyer, même si elle y est malheureuse. Tout en restant lucide sur la part de responsabilité que ma mère porte, je comprends que le malheur se fuit, quel qu'il soit, et ceux qui l'entretiennent également. Comment peut-on espérer un monde heureux si nous acceptons qu'une personne souffre en silence pour ne pas venir ébranler notre conception des bonnes mœurs ? Comment une personne peut transmettre le bonheur autour d'elle, lorsqu'elle n'est pas elle-même habitée par ce bonheur ? Trop souvent nous ne cherchons pas tant à entendre la souffrance de l'autre qu'à faire en sorte qu'il agisse de manière à ne pas créer de souffrance en nous. Mouvement amenant à mettre son propre Ego en avant. Je t'aime tant que tu restes à la place que je décide pour toi et pour ce qui m'est le plus agréable. C'est pervers je vous l'accorde, choquant sûrement, mais notre société fonctionne sur ce genre de valeurs depuis des temps immémoriaux. Toute la société espère atteindre ce Bonheur tant souhaité. Pourtant, le premier qui déroge aux traditions, aux coutumes, qui brave les principes établis, se voit stoppé dans son élan pour y accéder. Retenu dans son envolée vers un mieux-être, les ailes coupées pour son audace de rêve de liberté. Bien souvent jugé, condamné, déchu et exclu. Sentence populaire despotique sans appel possible.

Mes grands-parents n'ont pas toléré que leur fille se sépare de son mari, n'acceptant pas la nouvelle orientation qu'elle donnait à sa vie. Une femme partie vivre sa jeunesse bafouée. Ils ont pris parti pour leur gendre. Sans en avoir la preuve, je pense que cela fut plus la décision de mon grand-père, sa femme soumise, se plia forcément sans mot dire, à ce choix inique. J'ai pu constater dans mon entourage proche, encore aujourd'hui, que des parents pouvaient avoir cette attitude de protection envers eux-mêmes. Une amie m'expliquait avoir avoué à ses parents qu'elle était malheureuse dans son foyer, qu'elle envisageait de divorcer. Ceux-ci, plutôt que la soutenir dans cette épreuve, l'accompagner à la soulager de ce poids, devenu douloureux, lui répondirent à sa grande désillusion : « Tu ne vas pas nous faire ça ! » La honte que représentait à leurs yeux cette décision, était bien plus forte que l'amour qu'ils portaient à leur fille. Cela allait à l'encontre de leurs valeurs. Vivant dans un village, ils ne se sentaient pas la force d'affronter les calomnies et le regard moralisateur de ceux qu'ils croiseraient. La morale culpabilisatrice de la société venant saper toute envie d'épauler leur fille dans cette démarche d'épanouissement pour elle. Voilà en gros ce qu'ils lui demandaient : « On t'aime, mais si toi aussi tu nous aimes, accepte d'être malheureuse et de continuer de souffrir pour que nous, nous ne souffrions pas de ton éventuel bonheur. » Invraisemblable. Ils lui suggéraient de manière implicite, de ne rien faire qui nuise à leur équilibre, si elle les aimait. La plaçant devant un choix cornélien, l'amenant à encore plus de culpabilité, compliquant cette période délicate de sa vie. La figeant devant l'évidence cynique de la limite de l'amour que ses parents pouvaient lui porter. Fracturant du même coup son idéal de parents dévolus à leur enfant. On ne peut leur en vouloir, là sont les limites que nous portons en nous, à différents degrés d'acceptation de la souffrance que cela réveille. Cette limite atteinte, l'intérêt personnel prévaut sur tout autre individu, enfant ou pas. Nous ne découvrons ce seuil que lorsque nous y sommes confrontés. Mon expérience auprès de ma mère m'aura bien démontré cette frontière. Je ne doute plus un instant que ma mère m'aimait malgré ses crises de démence à mon encontre. Elle m'aimait, tant que sa souffrance ne venait pas submerger l'amour qu'elle était capable de me porter. Fort de cette expérience acquise et admise, tout au long de ma vie, j'ai pu constater dans de nombreuses familles, que l'on cherchait à masquer cette évidence narcissique, à ne pas reconnaître cette limite, tant elle peut être douloureuse pour les deux partis. Ma chance à moi, si l'on peut dire, a été de le découvrir très tôt, pour finir par parvenir à l'accepter. Dans nombre de cas, la chute est rude pour celui ou celle qui finit par découvrir que l'amour que leur portent leurs parents est soumis à conditions. Alors vient à résonner en écho cette phrase si souvent entendue enfant : « Si tu es sage, tu auras droit à une surprise. » Sous-entendu : « Fais ce que l'on te dit et tu seras récompensé de nous avoir fait plaisir. » Ou bien cette autre phrase meurtrière, lorsque l'enfant devenu adulte, n'agit pas dans le sens que ses parents espèrent, qu'il fait un choix qu'ils ne partagent pas : « Après tout ce qu'on a fait pour toi !!! » Phrase chargée du reproche masqué de ne pas être un bon fils, une bonne fille pour ses parents tant dévoués, et qui voudraient continuer de maîtriser l'avenir de leurs enfants qui leur échappent, d'influencer leurs choix de vie. Lourd fardeau de culpabilisation transmis à cause des sacrifices consentis pour leur éducation. « Mais papa, maman, je pensais que vous aviez fait tout ça avec Amour, pour mon bonheur, je ne pensais pas devoir vous en être redevable à vie… », pourrait avoir envie de répondre l'enfant en question, qui comprend que ses parents lui présentent la facture de toutes leurs attentions. Sous couvert d'amour, beaucoup d'entre nous agissent de manière égocentrique. Un amour cannibale qui pousse à vouloir absorber l'autre. Lorsqu'on agit en pur Amour, aucun choix n'est un sacrifice.

Je n'ai jamais pris position pour l'un ou l'autre de mes parents, jamais voulu savoir qui avait eu tort ou bien raison. C'était une affaire d'adultes. Encore aujourd'hui, j'estime que cela fait partie de leur histoire. Ce que je déplore, c'est la manière dont cela s'est passé entre eux et l'attitude de la famille de ma mère à son égard. Je n'ai jamais su ce qui a motivé la décision de mes grands-parents, ainsi que celle du frère de ma mère, mais ils décidèrent de la bannir, coupant tout contact avec elle. Bannissant par la même occasion mon frère et moi. Nous devenions des victimes collatérales de leur dégoût devant les choix de leur fille. Les adultes ont cette faculté d'occulter les enfants dans leurs décisions, issues de leurs règlements de compte. Mon oasis de Paix, qui m'avait réconforté et soutenu jusque-là, venait de disparaître tel un mirage. Rupture brutale, très brutale que je vécus douloureusement, préparant le terrain pour la suite. Je n'ai plus revu mes grands-parents durant une dizaine d'années. Pas même une lettre pour mon anniversaire, pas même un coup de fil pour Noël. Mon incompréhension fut à la hauteur du séisme affectif et de l'abandon que je ressentais. Grande était la déchirure, qui accentuait ma chute s'approchant à grand pas. Avant, j'étais perdu, mais je pouvais entrevoir un espoir salutaire. Je me retrouvais maintenant face au néant, un vide existentiel, un profond sentiment d'injustice, de nouveau. Le monde des adultes me renvoyait à mon impuissance, mon insignifiance. J'intégrai rapidement, dans un souci de protection, qu'à l'avenir, je ne pourrais compter que sur moi. Mon frère resta la seule personne en qui je gardais confiance. La seule personne dont je me sentais proche, vers qui je pouvais encore me tourner. Avec lui je ressentais une chaleur rassurante de le savoir à mes côtés, véritable bouée de consolation dans ce naufrage familiale. La seule personne proche que je portais dans mon cœur. L'unité de la famille, tout comme le mariage de mes parents, vola en éclat. Les ingrédients finaux de déstructuration du peu d'équilibre qu'il me restait, prenaient place. La chute continuait. Nous avons revu mes grands-parents, mon oncle, mon cousin et sa sœur, dix ans plus tard, quand mes grands-parents ont demandé à ma mère s'ils pouvaient venir passer Noël avec nous, suite au divorce de mon oncle qui n'avait pas le moral. Quel culot ! Je continuais de découvrir jusqu'où l'impudence de l'Homme pouvait aller. Ma mère m'avertit de ce souhait. Dans un premier temps, je refusai de participer à ces retrouvailles apocryphes où je ne ressentais pas une franche motivation de réconciliation. L'avenir me donna malheureusement raison. A la demande insistante de ma mère, j'ai fini par accepter d'y participer. Elle voyait là une occasion de renouer contact avec son cercle familial, qui ne l'avait jamais véritablement reconnue. La blessure non refermée de leur rejet dix ans plus tôt, conjuguée à leur manque de reconnaissance durant son enfance, l'on rendue aveugle devant la machination qui se profilait. Tout d'un coup, nous passions du statut de pestiférés, à celui de Saint-Bernard aux bons soins pour leur fils prodige, qui vivait une épreuve terrible.

Je ne portais pas particulièrement mon oncle dans mon cœur. Il m'avait laissé le souvenir d'un goujat égoïste et prétentieux, avec un sentiment de supériorité prononcé qui le rendait arrogant et insolent. Ce qui m'a surpris dans cette histoire, n'est pas que ma tante l'a quitté, mais qu'elle ne l'ait pas fait plus tôt. Tels étaient les sentiments que j'éprouvais à son égard à cette époque. Nous avons fêté deux Noël avec eux, dont je n'ai aucun souvenir. Puis, mon oncle ayant retrouvé une compagne, le moral avec, c'en fut terminé des Noëls S.O.S. détresse. Je ne peux dire que j'en ai voulu à mes grands-parents tant je me doutais du débouché de ces retrouvailles au mobile faussé. De toutes façons, je les avais effacés depuis longtemps de ma carte mémoire affective, bien injustement, je le reconnais aujourd'hui. La colère à leur encontre, la haine qui m'habitait, ma souffrance, faisaient que j'étais bien incapable d'un quelconque pardon envers qui que ce soit, pour quoi que ce soit. Par la suite, je ne les ai revus que deux fois en quinze ans. Une fois pour l'anniversaire de leur cinquante ans de mariage, là encore, à la demande suppliante de ma mère. La seconde et dernière fois pour le mariage de mon frère. Je ne suis pas parvenu ce jour-là, à mon grand regret, à voir en ces deux vieillards en fin de vie, les grands-parents qui m'avaient sincèrement chéri durant mon enfance. Après les avoir salués, je les ignorai de manière perfide pour bien leur signifier mon indifférence dédaigneuse de leur sort. On ne se sort pas grandi de ce genre de comportement bas, avilissant pour celui qui s'y laisse entraîner. Je n'ai même pas consenti à la volonté de ma grand-mère, sur la fin de sa vie, de venir la voir et je n'ai pas assisté à leurs enterrements. Ma haine me rendait aveugle, écartant toute compassion. Seule la reconnaissance de ma souffrance comptait, m'animait, me rendant sourd, insensible à celle d'autrui. J'usais abusivement de mon pouvoir de vengeance en lui signifiant toute mon indifférence à son triste sort. Je parvins, quelques années après leur décès, à ne plus porter de jugements sur les actes qu'ils posèrent, amenant un discernement salutaire qui réveilla en moi tous les bons moments passés auprès d'eux. Les simples souvenirs de leur présence chaleureuse à mes côtés durant mon enfance, auraient dû suffire à ce que je leur pardonne. Je regrette, maintenant, de n'avoir pu leur dire l'Amour que je ressens pour eux. De n'avoir pu serrer ma grand-mère dans mes bras avant qu'elle ne parte, pour la remercier de tout ce qu'elle m'avait apporté de joie et de bienfaits. Il est possible que sans eux et les bons souvenirs qui leur sont associés, j'aurais peut-être sombré encore plus profondément.

Je n'ai pas connu mes grands-parents paternels, tous deux disparus très tôt. C'est pourquoi je n'ai des souvenirs qu'avec mes grands-parents maternels. Ils auront su m'accorder cet espace vital d'épanouissement intérieur, border leur Amour de règles simples, constructives, pleines de discernement ; entretenir une place pour que j'existe et que je puisse me chercher et me trouver. Ils m'ont montré ce que pouvait être une vie heureuse, témoigné beaucoup de tendresse, démontré que la douceur existe. Ils m'ont permis de vivre, de découvrir des émotions qui m'étaient inconnues jusque-là, d'entrevoir la possibilité d'un monde délicat, sans violence, sans cris, sans heurts. En m'octroyant un espace d'indépendance, ils m'ont permis d'explorer ce monde sans la peur de mal faire. Sans la peur d'un regard accusateur, réprobateur et bien trop souvent castrateur, tuant dans l'œuf tout désir de vivre la vie, bloquant toute communion avec le beau, coupant mon être en deux, m'empêchant de m'unir à l'éternelle renaissance. Grâce à eux, à cet Amour reçu, j'ai pu découvrir, ressentir ce que pouvait être l'insouciance d'un enfant. Cela contribuera énormément à m'aider dans ma période de reconstruction, de recherche de Paix. Me raccrocher à tous ces instants de bonheur viendra contrebalancer mon sentiment d'un monde pourri. Où le plus fort règne en maître, sa loi avec. Où les sentiments nobles n'ont pas leur place, sont considérés comme lâchetés. Où la violence permet de masquer ses faiblesses inavouées, d'évacuer son trop plein d'aigreur. Violence nous enfonçant chaque jour, encore plus profondément dans le gouffre du brasier de notre souffrance. Consumant le meilleur de l'être de celui qui s'y noie, ses tourments l'accompagnant cyniquement vers sa perte d'Humanité. La haine emprisonne dans une geôle étroite, isolant du bien-être ceux qui se laissent envahir. La vengeance en est les barreaux de la fenêtre, empêchant toute aspiration d'accéder à la quiétude, interdisant l'espoir d'un possible envol vers un ciel plus clément, moins ombrageux, plus azuré. Pour tous les bons moments que j'ai vécus, enfants, auprès d'eux, je remercie mes grands-parents et leur pardonne leurs maladresses qui me furent trop difficiles à concevoir. Puissent-ils me comprendre à leur tour et poursuivre leur ascension en Paix…

Ma vie à la campagne

Jouxtant la maison de mes grands-parents, la ferme de M. Gaby, de Mme Noizet, de leurs deux filles Martine et Claudine fut également un fantastique espace de découvertes et d'apprentissage de la vie. J'y vécus des moments d'exception. Je fus accueilli chez eux avec chaleur et humanité, faisant partie de la famille durant la période de mes vacances. Avec le temps, je suis devenu le commis de M. Gaby pour l'aider dans ses nombreuses tâches agricoles, ponctuant ses longues journées. Gaby pour les adultes, diminutif de Gabriel, était pour moi M. Gaby, tout comme sa femme devenait Mme Noizet, c'est comme cela que j'aimais les appeler. Le profond respect qu'ils m'inspiraient, fit que je ne dérogeai jamais à ces deux noms affectueux que je leur attribuai. Ils reconnaissaient en moi l'insouciance, la joie, le désir brûlant de découvrir la vie, qui animent les enfants.

M. Gaby était ventripotent. Ses formes rondouillardes le rendaient sympathique, en plus de son humour caricatural, qu'il maniait avec une précision toute chirurgicale. Il ne se départait jamais d'une bonne humeur contagieuse, qui entraînait que l'on ne s'ennuyait pas à ses côtés. Son rire de baryton emportait avec lui toute mélancolie de la vie susceptible de venir noircir votre journée. Malgré une ceinture bien tendue, son pantalon finissait toujours par glisser, laissant apparaître généreusement la raie de ses fesses. Je m'en amusais beaucoup, sans jamais avoir osé lui dire. Il avait les mains lézardées de crevasses et déjà bien usées par le travail. Lorsque je lui serrais la paluche comme il disait, j'en sentais l'aspérité, ce qui inévitablement enclenchait en moi un sentiment de pitié à son égard. Avec lui, je partais le soir vers dix-sept heures, chercher les vaches dans les pâtures pour les ramener vers l'étable pour la traite. En chemin, il me contait toujours des histoires de son enfance, tellement différentes du monde dans lequel je gravitais. Tout comme moi, avant mon arrivée là, je ne pouvais m'imaginer ce que pouvait être une verdure à perte de vue, lui ne pouvait s'imaginer ce que pouvait être une cité de béton, laissant si peu de place à la nature. « Comment les gens peuvent-ils vivre ainsi, entassés les uns sur les autres ? » répétait-il souvent. Il comparait fréquemment ces barres H.L.M. à des clapiers pour les lapins, pour sourire de cette extravagance. Il riait encore d'incompréhension, en voyant aux actualités ces mêmes personnes s'entasser sur un quai, avant de monter dans la bétaillère, comme il disait, en parlant de la rame du métro. Il restait sans voix devant les images des bouchons interminables de ceux qui prenaient la route pour rejoindre le lieu de leur villégiature. Incompréhensible pour eux qui ne prenaient jamais de vacances. Bien que nous n'étions qu'au début des années soixante-dix, la tournure que prenait le monde le laissait dubitatif et sceptique. Il y avait bien là deux mondes distincts, ne pouvant donner naissance aux mêmes valeurs, aux mêmes individus.

De retour à l'étable, il m'envoyait nourrir le porc qu'ils engraissaient, que je nommais Hector. Tous les ans j'étais heureux de retrouver Hector à la même place, sans me douter que ce n'était plus le même, celui de l'an dernier n'ayant pas passé l'hiver. Et lorsqu'aux vacances de Noël, je m'enquérais de la santé d'Hector, en voyant le box qu'il occupait vide, M. Gaby, dans sa bonté de ménager ma sensibilité d'enfant, me répondait : « Ne t'inquiète pas ! On l'a mis ailleurs, au chaud. » Un chaud qui devait, pour

Hector, avoisiner les moins vingt degrés. Ce qui fait, que sans même m'en douter, parfois, lorsque je mangeais chez eux, il pouvait être au menu, ce bon vieil Hector. Chez nous, n'ayant pas d'autres animaux que des chiens, je n'avais pas pour habitude de retrouver ceux que je nourrissais dans mon assiette. Je devenais également le bienfaiteur de la basse-cour, lorsque j'entrais dans l'enclos leur étant réservé. Me voyant un seau à la main, toute la volaille accourait vers moi dans un caquètement général de reconnaissance. Même le coq, pourtant belliqueux par ailleurs, devenait subitement plein de complaisance à mon égard. Bénéficiant d'une bienveillance de sa part de courte durée, me laissant savourer le plaisir d'arroser abondamment le sol de grains de blé dans l'extase d'un philanthrope nourricier adulé. Mais ceux que je préférais nourrir étaient les veaux nouvellement venus au monde. M. Gaby me laissait la responsabilité de leur préparer leur breuvage, constitué d'une poudre de compléments alimentaires que je délayais avec le lait de leur mère. Ensuite, je portais le mélange au veau à qui il était destiné. A peine le seau posé au sol, il enfouissait sa tête dedans à mi-museau pour en aspirer bruyamment le contenu. Devant sa gloutonnerie, je devais veiller à ce qu'il ne renverse pas le seau, ce qui relevait de la gageure, tant il y mettait de l'ardeur. Le repas terminé, je bataillais dur pour reprendre le seau, bien que celui-ci fût vide. Relevant la tête, le mufle encore tout blanc de lait qu'il léchait de sa longue langue, il me regardait d'un air attendri signifiant : « Dis copain ! Tu m'en ramènes un autre, slurp ! » Ce que j'aurais accompli sans hésitation, sans l'intransigeance de M. Gaby, bien moins sensible que moi à ce genre de charité. Alors, dans un geste de commisération, je plongeais ma main au fond du seau, la baignais dans le peu de lait qui restait qu'il n'avait pu aspirer. Puis, je la lui tendais pour qu'il la suce. Il gobait ma main puis la tétait comme il l'aurait fait au pis de sa mère. Je sentais la rugosité de sa langue qui me chatouillait agréablement, vivais ce moment comme une union sacrée, m'unissant à lui. Une union qui laissait un émouvant sentiment de fraternité m'envahir. Je repartais à chaque fois, avec la sensation confuse d'être un des leurs.

Sentiment renforcé par le fait que, pour certains d'entre eux, il m'était arrivé d'avoir contribué à leur naissance. Lorsque qu'une vache avait du mal à vêler, on attachait les pieds du veau, sortant de l'utérus de sa mère, avec une corde. Ensuite, nous tirions sur la corde pour l'aider à sortir. Cette expérience unique, me fit vivre ce moment extraordinaire de la création. Je voyais là, sorti du ventre de sa mère, gisant par terre à mes pieds, le veau tout humide, baignant dans le placenta. Sa mère déjà affairée, malgré l'épreuve, à le lécher tendrement. Elle nous laissait l'approcher, sans aucune crainte, reconnaissante de notre attention à leur égard. J'étais là, comme un roi mage, souhaitant la bienvenue à ce nouvel habitant de la planète, à le regarder découvrir son environnement. Je voyais bien à son effarement, qu'il n'avait pas encore tout saisi, de ce qui venait de se passer, je le comprenais aisément. Son regard hagard ressemblait à celui d'un boxeur relevant la tête après un K.-O. l'ayant amené au tapis, qui cherche à comprendre ce qui vient de lui arriver, et dont les yeux étourdis et hébétés, trahissent qu'il ne comprend rien à la situation qu'il cherche à analyser. Je frissonnais devant ce spectacle enchanteur de pure beauté auquel j'avais contribué à donner naissance. Joie, excitation, chaleur, confusion, ravissement, toutes ces sensations formaient un cocktail indéfinissable, bouillonnant en moi, me figeant devant cette scène relevant du miracle à mes yeux. Ame sensible ne pas s'abstenir. Mon ébahissement, mon émoi devant ce tableau surréaliste, faisaient que je ne devais pas être loin de ressentir ce que vivait ce veau à mes pieds, me rapprochant de lui naturellement par ce prodigieux sentiment d'émerveillement. J'avais envie de pleurer de cet enchantement émotionnel. La vie rayonnait sur nous de toute sa splendeur en toute simplicité, irradiant l'étendue de sa magnificence.

L'été, c'était aussi le temps des moissons. Je prenais part à cette récolte estivale de manière significative en contribuant grandement à cette tâche si importante à la vie de la ferme. N'ayant pas assez de personnes pour ce dur labeur, M. Gaby me confiait la responsabilité de conduire le tracteur qui tirait la remorque pour ramasser les bottes de paille. Quelle confiance ! Quelle valorisation de ma personne ! Quelle fierté pour moi ! Je prenais cette fonction très au sérieux, mesurant toute l'importance du rôle que l'on me confiait. Je tenais là, assis aux commandes du Massey-Fergusson rouge, le moyen de servir efficacement, ce qui me permettait ainsi de renvoyer toute ma gratitude à M. Gaby et Mme Noizet pour la plénitude que je ressentais d'être auprès d'eux.

Pour mémoire, la récolte n'était pas aussi mécanisée que maintenant. Même si le milieu de ces années 70 concentrait tous les grands progrès réalisés dans le domaine de l'agriculture. La dernière étape nécessitait encore énormément de manutention. Après avoir fauché avec une moissonneuse batteuse le blé arrivé à maturité, il fallait ensuite moissonner la paille laissée au sol avec une ramasseuse-ligoteuse pour en faire des bottes de paille. Ce travail terminé, le champ était parsemé de bottes espacées d'une dizaine de mètres que l'on devait maintenant ramasser. C'est là que j'entrais en scène. Je m'asseyais à la commande du tracteur, M. Gaby passait une vitesse, puis l'accélération se réglait avec un levier au volant que M. Gaby ajustait au bon rythme, qui n'était pas très élevé. Je n'avais plus qu'à suivre, en tenant le volant, la ligne de bottes qui s'étalait devant moi en prenant soin de garder un écart d'un mètre sur le côté pour les longer. Derrière, M. Gaby et Vincent, le fils d'un agriculteur du village venu les aider, piquaient les ballots à l'aide d'une fourche pour les déposer sur la remorque. C'était au tour de Mme Noizet d'entrer en jeu, si je puis dire, car tout cela n'avait rien d'un jeu pour eux, tant la besogne était éreintante. Malgré sa taille fluette, elle recueillait avec vigueur ces colis, qui devaient bien faire entre vingt à vingt-cinq kilos au moins. Elle les agençait de manière structurée pour les entasser de façon à obtenir un équilibre qui rendait l'ensemble stable, lorsque celui-ci s'élèverait au fur et à mesure de l'avance de l'ouvrage. Pour M. Gaby et Vincent, l'exercice relevait aussi du tour de force. Pour eux, l'effort consistait à lever la botte pour la porter à bout de fourche afin de la positionner à la hauteur de Mme Noizet pour qu'elle puisse l'attraper. Je n'aurais pas aimé être à leur place tant ce travail me paraissait rude. Car une fois la remorque pleine, Mme Noizet, qui ruisselait de gouttes de sueur sur le front malgré son foulard sur la tête qui ne la quittait jamais lors des travaux de la ferme, devait bien culminer à quatre mètres du sol. A ce moment, M. Gaby reprenait la conduite du tracteur, pour aller déposer la remorque au bout du champ pour en atteler une autre qui attendait là. Ainsi le manège pouvait reprendre.

Devant une telle débauche d'énergie, pour eux, autant dire que la pause casse-croûte était attendue avec envie. J'étais tout aussi impatient de ce moment mais pour d'autres raisons que l'espoir d'une coupure permettant de recharger les batteries. J'appréciais ce temps de partage inaccoutumé pour moi. Assis tous les quatre, parfois à cinq lorsque le père de Vincent contribuait à l'effort, en rond, chacun sur son ballot de paille, nous partagions un casse-croûte que Mme Noizet avait soigneusement préparé le matin. Elle sortait de la glacière du saucisson, du pâté, du boudin faits maison. Je ne savais pas que, d'une certaine façon, Hector aussi était parmi nous. M. Gaby coupait de généreuses tranches de pain pour chacun d'entre nous, en ayant bien pris soin auparavant de faire un signe de croix au dos du pain de la pointe de son couteau. Interrogatif, ne connaissant pas cette pratique superstitieuse, j'en déduisais que cela devait être une manière de savoir si le pain était bon en grattant la croûte avec son couteau. Il était en effet à chaque fois délicieusement croustillant. Il ne nous restait plus qu'à le déguster accompagné des mets proposés. Au milieu d'eux, j'aimais les écouter disserter sur la qualité de la récolte, soulevant des interrogations. « N'aurait-il pas fallu attendre encore un peu ? » Ou bien, « n'aurait-il pas fallu commencer plus tôt ? » « Était-elle meilleure ou moins bonne que par les années passées ? » « Pourvu que le temps reste au beau ! » Tous les ans revenaient ces mêmes questionnements si importants pour eux, ces mêmes inquiétudes. Je ressentais bien dans le sérieux de leurs propos que la moisson représentait le zénith des travaux de la ferme. Ce qui allait conditionner le reste de l'année. Ces questions les amenaient tout naturellement à se demander ce qu'ils pouvaient faire pour améliorer la récolte de l'année suivante. Tout en sachant qu'ils ne pourraient pas faire grand-chose, étant donné que ce serait la météo, qui en déterminerait la qualité. Mais je pense que cela devait les rassurer de croire qu'ils pouvaient avoir une incidence sur le résultat final. Assis au milieu de ce champ tondu, bercé par ce moment de convivialité paysanne, tout prenait une dimension particulière. Les aliments avaient une saveur toute nouvelle les rendant plus succulents les uns que les autres. L'air chaud parfumé de la senteur des chaumes fraîchement coupés, mélangée à celle des exhalaisons de la terre séchée par les ardents rayons du soleil. Le spectacle des oiseaux exaltés par tant d'abondance, picorant à satiété les grains de blé restés au sol, dans un remake de la grande bouffe de Marco Ferreri. Je restais surpris et amusé par l'ébahissement, devant une scène si peu coutumière pour lui, d'un lièvre posé sur son derrière, stupéfait de tant de raffut sur son domaine. Ces instants d'extases, me laissaient le sentiment d'être coupé du monde. Pourtant dans ces moments de grâce, je n'imaginais pas que je pouvais être aussi connecté à lui, aussi proche de sa réalité. Sans conscience que ma simple présence sur terre composait ce monde, que j'y tenais un rôle. Il ne tenait qu'à moi que ce rôle soit le plus accompli et le plus lumineux possible tout au long de mon existence. Chacune de ces images étaient une pulsation de vie. Là encore, la simplicité me ramenait à l'éternel sans que je sois lucide de ce lien.

Puis venait le grand moment qui clôturait ce temps de bonheur extatique. M. Gaby débouchait une bouteille de cidre brut fermenté, bien fraîche, avoisinant les huit degrés d'alcool. Cidre, là aussi, fait maison avec les pommes récoltées en automne. M. Gaby me remplissait un verre tout en ajoutant toujours cette petite phrase de sa grosse voix à l'accent picard : « Prends ! ça va te ragaillardir mon gamin ! » dans un rire mi-coquin, mi-taquin. Aussitôt Mme Noizet reprenait : « Ooohhh ! Pas trop Gaby ! » Avec un sourire légèrement amusé, laissant passer une pointe d'inquiétude tout de même, en connaissant par avance l'effet qui s'ensuivrait, et lui de rajouter en haussant les épaules : « Raaaah ! Ça va en faire un homme. » Et là, autant vous dire que du haut de mes huit, neuf ans, je saisissais le verre que me tendait M. Gaby d'une virilité que je ne me connaissais pas. Le verre avalé, très vite je ressentais une sensation bizarre m'envahir, me sentant devenir tout léger. Un désir de devenir autre. Je partais, alors, moi qui ne parlais que très peu, dans des discours interminables en gesticulant plus que d'ordinaire. Mme Noizet pouffait, tout en tentant de se retenir sans y parvenir, de cette cocasserie. Son éducation religieuse Chrétienne l'empêchant sûrement, face à la culpabilité de sa complicité, de se lâcher complètement devant le caractère loufoque de la scène. Les hommes, eux, n'avaient pas cette retenue, riant à gorge déployée à la vue de la représentation burlesque que je donnais bien malgré moi. Ce moment de détente générale venant ponctuer la pause, je repartais guilleret d'un pas assuré reprendre mon poste de conducteur, en ayant un peu plus de compréhension sur ce mot « ragaillardir » et le sentiment diffus d'avoir laissé un peu de l'enfant que j'étais, sur ce ballot de paille… A ma grande fierté !

Je ne puis finir cet épisode de ma vie à la ferme, sans un clin d'œil pour Gaston et Rose, les parents de M. Gaby. Ils habitaient une maison mitoyenne de la ferme. Lorsque nous revenions, avec M. Gaby, de ramener les vaches pour la traite, Papy Gaston avait pour mission, pour qu'elles puissent traverser la route séparant le champ de l'étable en toute sécurité, d'arrêter les voitures. Autant dire, vu l'isolement du village, que neuf fois sur dix, il ne faisait que regarder passer les vaches. Mais il ne manquait jamais à ce rituel. Parfois, lorsque l'envie m'en prenait, je restais assis avec lui sur le talus où il attendait d'ordinaire patiemment notre retour. Il me racontait alors, des histoires me paraissant venues d'un autre siècle. Au regard de son âge avancé, je ne devais pas me tromper de beaucoup. Tout comme son fils, il avait beaucoup d'humour, un rien l'amusait. Je ne saisissais pas toujours la subtilité de cet humour, mais comprenais qu'il s'en amusait bien, à ses rires répétés. Papy Gaston ne sortait jamais sans une casquette plus qu'élimée, vissée sur sa tête, et un bâton à la main sur lequel il s'appuyait pour accompagner sa démarche mollassonne. A ses pieds, il traînait deux gros sabots en bois qui contribuaient à fragiliser son équilibre précaire. Il s'emmitouflait toujours d'un épais paletot marron de velours côtelé, qui lui donnait un air plus gaillard qu'il ne l'était. Son visage très marqué par l'usure du temps ne m'effrayait pas, tant il était habité d'une gentillesse affectueuse. Un jour il m'offrit, pour que je puisse remplacer celui que je prenais pour aller chercher les vaches, un bâton de noisetier qu'il avait ciselé de motifs géométriques, où il avait gravé mes initiales. J'en fus très ému. Un cadeau de rien du tout, mais qui représentait tout pour moi. Je lui sautais au cou et lui fit une bise interminable de reconnaissance. « Oh ! Oh ! Quel diable t'emporte ? Tu vas me faire tomber la seule dent qu'il me reste… » S'esclaffa-t-il, à son tour ému. Papy Gaston aimait les enfants et la vitalité qui les animait et cela je le ressentais. Quant à Rose, je ne la connus guère longtemps, elle mourut peu de temps après que j'eus fait sa connaissance. Je me souviens d'une petite femme douce, toujours très heureuse de me voir lorsque je lui rendais visite, car elle ne sortait que très rarement. Chaque fois, je repartais de chez elle un gâteau à la main et la poche de mon pantalon pleine de bonbons.

Par la suite, je me référerai souvent à tous ces bons souvenirs pour me construire plus sainement. Me rappelant toutes ces émotions positives, gratifiantes, exaltantes, favorisant l'émergence de sentiments plus nobles que ceux qui auront pris place en moi. Tous ces moments de grande richesse émotionnelle, de relation humaine simple mais pleine d'Amour, aux valeurs sûres, pourtant non cotées en boursc, concourront, j'en suis convaincu, à ne pas m'égarer trop loin sur le chemin de la délinquance sur lequel je finirai par m'engager. Une petite voix intérieure me ramena toujours à une saine lucidité protectrice. Le destin, dans sa grande mansuétude, semant à mon insu des graines bénéfiques, qui ne se sont mises à germer et dont je ne récolterai les fruits, que bien plus tard. Œuvrant à l'épanouissement de mon être, pour mon plus grand contentement.

Certaines personnes traversent notre vie comme des étoiles filantes, ces rencontres fugaces et éphémères nous laissant pourtant des souvenirs impérissables. D'autres pénètrent dans notre espace émotif comme des météorites venant heurter notre moi affectif d'un impact brutal, laissant après leur passage, douleur, confusion, désarroi, cicatrices aux séquelles multiples. Puis, apparaissent celles, telles une constellation d'étoiles, qui scintillent dans notre galaxie d'Amour à jamais et illuminent le ciel de notre vie affective de leur rayonnement salvateur, abreuvant notre cœur d'un filet ininterrompu de joie enchanteresse. M. Gaby, Mme Noizet, papy Gaston ainsi que Rose font partie des personnes qui auront nourri mon espoir que je puisse être une bonne personne. L'importance, l'attention, l'affection qu'ils m'ont accordées, font qu'ils brillent depuis fort longtemps dans ma galaxie d'Amour. Je les salue et les embrasse tendrement là où ils sont.

Mes parents avaient, eux aussi, acheté une maison à Appremont. Je passais donc une partie de mes vacances à la campagne. Puis, est venu le temps où j'ai fait plus qu'y passer l'été. L'année qui a suivi le divorce, nous sommes restés, mon frère et moi, avec notre père à la cité Jules Auffray. L'année suivante, mon oncle, le frère de ma mère, a proposé à mon père de s'associer pour monter un élevage de faisans et de lapins de Garenne. Mon père accepta la proposition. Possédant une surface de terre avec cette maison, il fournissait le terrain ainsi que l'infrastructure, mon oncle l'apport financier. Notre père n'a pas quitté son emploi pour autant, et décida par commodité, de nous laisser à la garde de mon oncle et de ma tante. Ainsi nous sommes venus vivre à Appremont avec eux durant l'année qu'a duré cette tentative d'élevage. Nous avons été tout normalement scolarisés à Rozoy, la ville dont dépendait le hameau. Mon frère en C.P, qu'il venait de redoubler, moi au collège, en sixième que je venais de redoubler après avoir également redoublé mon CM2. Ce qui me faisait treize ans et demi pour cette rentrée scolaire, toute particulière. On peut constater au passage, que divorce et scolarité ne font pas bon ménage. Fait nouveau pour moi, je découvrais le ramassage scolaire. Tous les matins, une petite dizaine d'enfants se retrouvaient sur la minuscule place du village pour attendre le bus. Celui-ci arrivait à heure fixe, déjà bien chargé des autres enfants ramassés plus tôt, et ne traînait pas. Nous avions la chance d'être en bout de ligne du ramassage, ce qui avait comme conséquence de nous laisser plus de temps pour rester au lit le matin et d'être rentrés plus tôt chez nous le soir. Cet impératif d'horaire nous imposait une ponctualité d'ordre royal. Le moindre retard se payait cash. Il fallait alors revenir à la maison pour demander à un parent de nous accompagner ou bien manquer la journée. L'excuse d'avoir manqué le car ayant été tellement utilisée, celle-ci n'était plus recevable. Mieux valait donc ne pas traîner la patte pour se rendre à l'abri dans l'espoir de gagner une journée à paresser, car ce motif émoussé aux yeux du directeur, ne le plaçait pas dans les meilleures dispositions pour écouter nos doléances, fussent-elles sincères. Je ne pus donc utiliser ce stratagème que d'autres avaient, a priori, consommé à l'exagération.

Il est vrai que la discipline du collège de Rozoy-sur-Serre relevait d'un tout autre niveau que celle du collège Jacques Jorissen de Drancy, où j'avais effectué et redoublé ma première sixième catastrophique. A la décharge du personnel d'encadrement de Drancy, il était bien plus facile de faire régner l'ordre à Rozoy, de s'y faire entendre, d'y faire respecter les consignes liées à un établissement scolaire. Il y avait bien des « cancres » comme partout, qui venaient tuer le temps en attendant l'âge de pouvoir fuir les bancs de l'école, mais sans pour autant nuire au bon fonctionnement de l'institution. Je n'y vis point de têtes brûlées, de fortes têtes résistant à toute autorité comme il pouvait y en avoir en grand nombre en Seine-Saint-Denis, et dont je faisais partie. Là-bas, la gymnastique pour les surveillants, consistait plus à tenter de conserver une certaine tranquillité, pour eux et pour que certains puissent étudier le plus paisiblement possible, que véritablement y faire régner un ordre moral ainsi que le calme, propices pour de bonnes études. Là où les cas d'indiscipline, d'incivisme à Rozoy étaient montrés du doigt, dénoncés et dont les élèves cherchaient à s'écarter, se désolidariser, isolant par là même l'individu qui s'y serait aventuré, à Jorissen, il en était tout autrement. Mais j'y reviendrai dans un autre chapitre.

C'est donc, paisible pour moi au premier abord, dans ce collège de Rozoy, construit à l'extérieur de la ville, dans un champ où l'on avait posé des préfabriqués disposés en rectangle et dont on avait bitumé l'espace intérieur pour en faire une cour, que j'ai compris ce que voulait dire le mot intégration. Mot que j'entendais à la cité au sujet de mes potes d'origine étrangère. Je ressentis, le prix qu'il fallait payer pour y accéder, la patience infinie qu'il faut pour supporter les provocations quotidiennes, les regards toisant, les insultes répétées. « Parisien tête de chien, Parigot tête de veau », je ne compte plus le nombre de fois où j'ai entendu cette phrase lancée contre moi, sur un ton méprisable, le regard parfois plein d'animosité de celui qui la prononçait. J'ai fini par comprendre que, quelle qu'eût été mon implication, ma volonté de parvenir à m'intégrer, certains ne m'accorderaient aucune reconnaissance, n'étant pas « un enfant du pays. » Je ressentis pleinement de manière brutale, la violence de ceux qui cherchent à vous faire comprendre que vous êtes différent ; donc non assimilable et que la seule chance qu'il vous reste est de partir ou bien de devenir autre. Même s'il est possible, sans pour autant perdre ses racines, de s'identifier à une culture autre que la sienne, il faut du temps pour cela. J'étais pourtant blanc, un « bon Français » comme certains aiment à dire, simplement immigré d'un autre département, et pourtant on me faisait sentir toute la différence de ne pas être né ici, m'entendant même dire : « Retourne d'où tu viens ! » Je n'ose imaginer si j'avais été basané, les cheveux crépus, d'origine étrangère, prénommé Mohamed, l'accueil qui m'aurait été fait dans cette hypothèse. Etre différent ne signifie pas être inégal.

Car là-bas, je n'étais plus Pascal, mais le Parigot, bien que moi, je ne me sentais absolument pas Parisien mais bien Drancéen. Paris était pour nous une autre terre à laquelle nous ne nous identifiions pas. Les deux, trois premiers mois, un cortège de garçons défilait devant moi pour venir défier à la bagarre le Parigot. Venir, sans que je comprenne leurs motivations, tester leur bravoure. Chacune des récréations recelait l'incertitude de ce qui allait m'arriver. Je pouvais tout aussi bien rester assis tout au long de ce quart d'heure de détente sans que personne ne vienne me parler, ou bien voir arriver un gars, suivi d'une bande d'excités le stimulant, se planter devant moi et me lancer : « Allez ! Viens battre le Parigot.» C'était le nouveau jeu à la mode, venant animer cette pause des cours normalement dévolue au repos. Je devenais le mètre étalon de référence de leur virilité naissante. Le faire-valoir de leur orgueil de mâle dominant, dont l'homme dans sa stupidité, révélatrice de sa grande ignorance, sait grossièrement se parer. Comportement de mâle en mal de reconnaissance. Le sujet masculin passant fréquemment par ce mode d'expression de la violence pour se situer au sein d'un groupe, une façon de prouver l'identification de sa personnalité, et je sais, malheureusement, de quoi je parle. Le monde dans lequel nous évoluons transmettant régulièrement le message qu'un homme doit forcément véhiculer une image virile. Virilité reconnue, bien souvent, par le seul biais de la force, de la capacité à en découdre avec ses semblables. Heureusement, la vie de la cité m'avait rodé et déjà suffisamment préparé pour affronter ce genre de confrontation inutile. Et à la cité, je m'étais retrouvé devant des révoltés plus batailleurs que ceux qui se présentaient à moi aujourd'hui. Plus poussés qu'ils étaient, pour faire comme les autres, par le groupe auxquels ils appartenaient, qu'armés d'une réelle et franche envie d'en découdre avec moi. Dans la majorité des cas, il ne s'agissait que de bousculades d'intimidation, de quelques coups balancés par ci par là, sans aucune véritable motivation de faire mal. Par son côté pittoresque, cette lutte de jeunes coqs m'amusait. J'avais vite compris que cela relevait plus du folklore que d'un véritable défi, tels des gladiateurs, où il ne pouvait y avoir qu'un seul vainqueur à l'issue du combat. Cela finit même par me servir aux yeux des filles qui y voyaient là, courage et bravoure de ma part. C'était plutôt la répétition qui devenait usante plus que l'affrontement en lui-même.

Il n'y en avait qu'un seul que je redoutais affronter. Un gaillard d'une tête plus grand que moi, fils d'agriculteur, rompu aux travaux agricoles lui ayant permis de développer une musculature précoce, le rendant impressionnant, robuste et respecté de tous. Lorsqu'il décidait, quand l'envie le prenait, de venir entretenir sa réputation de dur déjà bien établie au sein du collège, mais dont, apparemment, il craignait de perdre le leadership, je savais que la partie ne serait pas du même acabit. Sans donner l'impression de trop forcer, les coups qu'il m'assénait faisaient mal. Je m'efforçais de ne rien montrer de la douleur qui s'ensuivait, pour me concentrer à lui faire face de la manière la plus belliqueuse qui soit pour ne pas perdre la face. Ripostant du mieux que je le pouvais, tout en me rendant bien compte que les coups que je lui portais n'avaient pas le même résultat sur lui que les siens avaient sur moi. Je savais que le fait de lui tenir tête tiendrait les autres en respect, m'évitant ainsi d'autres complications à venir. Le soir, arrivé à la maison, je pouvais compter les bleus, stigmates du combat livré dans la journée contre ce colosse. A ma grande satisfaction, il a fini par se lasser et me laissa tranquille. Peut-être pensait-il avoir suffisamment prouvé aux autres sa supériorité en leur démontrant qu'il n'avait pas peur de moi, ou bien, pensais-je, vu qu'il ne me dérangea plus de l'année feignant l'ignorance, que les coups que je lui portais étaient bien plus douloureux que je ne le croyais. Lui aussi en avait peut-être marre de compter ses bleus le soir venu. Je me réjouis de cette victoire, tout autant inattendue que providentielle. Voyant que ni lui, ni ses lieutenants ne se souciaient plus de ma personne, cela a eu pour effet que certains, aux intentions moins guerrières, ont osé s'approcher de moi pour faire connaissance. Une nouvelle ère commença alors, il était temps.

Durant le reste de l'année, je n'ai eu que deux ou trois fois la surprise désagréable, lors de la sortie des cours en fin de journée, d'avoir la visite de grands frères bien plus âgés que moi, venus me menacer de vouloir « casser la gueule au Parigot. » Fort heureusement, je n'avais qu'à filer m'engouffrer dans le bus qui nous attendait pour nous ramener, et éviter ainsi une rouste qui s'avérait inévitable vu la différence d'âge qui me séparait d'eux. Une seule fois, ils ont suivi le car du ramassage scolaire en voiture. C'est une fille qui me voyait d'un bon œil, qui se fit un plaisir de venir m'en avertir. Au fur et à mesure que le car se rapprochait de notre point de chute, l'inquiétude montait en moi, tout en tentant de ne rien montrer à l'extérieur. Je ne savais ni qui était à l'intérieur de cette voiture, ni combien ils pouvaient être ni quelles étaient leurs motivations, bien que je m'en doutais. Je pensais que cette fois-ci, c'était sérieux. Je recherchais à travers les événements récents, ce que j'avais bien pu faire pour blesser quelqu'un au point qu'il veuille en arriver là pour se venger. Lorsque nous sommes arrivés sur la place et que le car s'est arrêté, mon cœur s'accéléra. Je me suis levé, n'imaginant aucune autre possibilité que de sortir. Je me suis retrouvé sur la place en compagnie de mon petit frère, mon cousin plus jeune que lui et d'autres enfants habitant le village. Ensuite le car est reparti, dévoilant le reste de la place qu'il occultait jusqu'alors. A mon grand soulagement je n'y ai vu aucune voiture. Après les salutations habituelles pour se quitter, nous avons pris le trajet nous ramenant à la maison. Etant donné que nous étions encore sur la route principale qui traversait le village, je forçais le pas plus que d'habitude, pas encore tout à fait rassuré sur mon sort. C'est alors que j'ai entendu le bruit de moteur d'une voiture qui se rapprochait de nous. J'ai fait mine de ne pas m'en soucier. Quand celle-ci est arrivée à notre hauteur, j'ai tourné la tête et vis le conducteur, que je ne connaissais pas, me regarder d'un air menaçant. Puis à côté de lui et sur le siège arrière, j'ai reconnu deux élèves du collège qui s'étaient présentés devant moi pour me défier. Ils hurlaient des noms d'oiseaux tout en me faisant quelques gestes déplacés pour bien me signifier tout le respect qu'ils me portaient. Ils gesticulaient hystériquement du sentiment de jouissance que leur procurait la situation. Puis, dans une accélération rageuse du conducteur, ils disparurent dans un nuage de fumée, tels de mauvais génies que je n'avais pas sollicités. Par chance, ils étaient plus animés par la volonté de m'impressionner que celle de véritablement vouloir me nuire en m'agressant. Je m'en suis sorti, cette fois-ci, avec une bonne peur.

Seules des filles et deux ou trois garçons, dès le début, cherchaient à entrer en communication avec moi. Amenant un peu de douceur durant ces premières semaines qui étaient, je dois bien l'avouer, assez compliquées et dures à vivre. Cela n'avait pas que des avantages, car certains garçons ne voyaient pas ce rapprochement d'un bon œil, ce qui avait pour conséquence d'augmenter leur agressivité à mon égard. Les filles avaient d'autres considérations que les garçons. Animées par un sentiment de pitié dû à mon isolement, tout en étant intriguées par ce nouveau venu tout droit de la capitale. Je représentais à leurs yeux un sujet de curiosité, et elles me posaient beaucoup de questions, intriguées qu'elles étaient de découvrir comment on vivait dans une grande ville comme Paris. Excitées d'entendre un vrai parisien leur parler de Paris, car je me gardais bien de leur souligner que je n'étais pas parisien. Pour elles, je voulais bien être le Parigot, même si aucune n'employait jamais ce sobriquet pour me nommer. En raison de leur fascination enthousiasmante, je ne me voyais pas leur raconter la vie à la cité, cela aurait été bien moins rêveur. Il fallut donc, pour répondre à leur intérêt, que je fasse preuve d'imagination pour captiver leur attention, car je ne m'étais rendu que très rarement à Paris à cette époque. Je me servais donc du souvenir de récits racontés par d'autres, ainsi que de reportages entrevus à la télévision pour alimenter mes histoires. J'étais devenu, pour elles, la sucrerie de leur récréation. Je me délectais, à mon tour, de ce statut de friandise.

La plupart des garçons, animés par la jalousie, ne voyaient qu'un rival, un gêneur, qui leur faisait de l'ombre. A leurs yeux, je ne représentais qu'un étranger, intrus dérangeant qu'il faut chasser. Les filles, elles, me voyaient tel un fruit exotique dont on a hâte de goûter les saveurs pour en découvrir son goût. Elles éclairaient mes journées de sourires rayonnants, de regards pétillants de désir. Ainsi, elles adoucissaient mon exil non désiré de suaves égards, le rendant plus doux par toutes ces savoureuses attentions bordées de délicatesse, dont la gent féminine est capable. Un vent réconfortant et apaisant soufflait en moi, agissant comme un baume cicatrisant. En un an, j'ai eu, très largement, plus de demandes de petite amie, que durant les dix années qui suivirent. Sans le vouloir, en mal ou en bien, j'étais devenu l'attraction du collège. Ma simple présence venait casser la routine des années passées. Certains avaient fait le choix de me le faire payer, de me repousser, de m'isoler dans le but de m'exclure, d'autres de venir à ma rencontre, de m'accueillir avec amitié, de m'intégrer. C'est cela qu'il me reste de cette expérience, tant d'années après, une interrogation face à cette différence marquée entre les comportements constatés, opposant le genre masculin au genre féminin. L'un, dans bon nombre de cas, cherchant à défier, à dominer, l'autre à harmoniser, à unir. Cela eut pour effet le temps venu, malgré l'épreuve vécue auprès de ma mère, de ressentir et d'épouser cette sensibilité, toute particulière, qui anime les femmes et, malheureusement, manque cruellement à nombre d'hommes.

Le collège

Après la séparation de mes parents, ma mère partie du foyer, je pris le pouvoir. Du moins, le pouvoir sur la nouvelle orientation que j'allais donner à ma vie. Le premier résultat des mesures que je mis en application, suite à ce départ, fut pour mes études. Je venais d'intégrer la première des deux sixièmes que j'effectuerais et je me suis vite aperçu que mes devoirs prenaient beaucoup trop de temps sur mes loisirs. Je ne me voyais vraiment pas répondre à mes copains, venus me chercher pour faire un foot : « Non, je descends pas, je fais mes devoirs. » Impossible. Il faut bien l'avouer, je n'en avais pas envie non plus. Pousser un ballon tout en apprenant ses leçons est difficile, l'un nuisant gravement à l'efficacité de l'autre. J'ai donc fait un choix devant cette nouvelle existence qui m'attendait. J'ai opté, tout naturellement, pour la cessation de toute activité scolaire en dehors du collège. De toute façon, à la cité, il n'était pas bien vu d'être un élève studieux, cela ne payait pas, aucun respect à attendre de ce côté-là, bien au contraire. La non-obéissance, le non-respect du cadre étaient de mise. C'était devenu un jeu, une normalité, une coutume transmise automatiquement. Et gare à celui ou celle qui ne respectait pas ce contre-pouvoir institutionnalisé par la force et la crainte de représailles. Ceux qui ne cherchaient pas systématiquement à remettre en question l'autorité, à s'opposer aux professeurs dans le but de troubler le cours, se voyaient classer au rang de « bouffons » et cela pouvait vite vous apporter de gros ennuis, car seuls les « bouffons » travaillent à l'école. Désignation qui appelait son lot de châtiments divers. Pouvant aller du simple chahut aux coups selon l'importance de la collaboration et selon le degré de notre antipathie envers celui qui en était affublé. Il va sans dire qu'un cas de délation de nos manigances, était durement condamné, isolant pour le restant de l'année celui qui s'y prêtait. Mieux valait ne pas être classé comme « bouffon » à la cité, car là, votre horizon s'obscurcissait durablement. Ce statut de tête de turc n'avait rien d'enviable, ni de drôle. Pour celui qui le portait, cela pouvait très vite devenir l'enfer. Et je devins une des flammes de cet enfer.

Mon père ne se souciant pas de mes notes, ni du suivi de mes études, ne s'aperçut pas des mots qui fleurissaient mon carnet de correspondance. Des remarques qui me sommaient d'arrêter mes bavardages incessants, qui venaient perturber le bon déroulement du cours, de cesser de lancer des boulettes en classe, qui signifiaient mon absence à tel cours et bien entendu qu'il serait plus sérieux de ma part de rendre mes devoirs ainsi que d'apprendre mes leçons. C'est une copine douée en graphologie qui signait la plupart de ces injonctions professorales. Injonctions qui garnissaient également son carnet et celui de bien d'autres, car il faut dire qu'au collège J. Jorissen, je n'étais pas le seul fauteur de trouble. L'ordre était difficile à obtenir face au nombre important de cas délicats à gérer. On le sait depuis longtemps, le nombre faisant la force d'une contestation, même si celle-ci n'était pas forcément organisée, planifiée au collège, mais simplement allant de soi pour les rebelles en herbe que nous étions. Les surveillants ainsi que les professeurs tentés par un excès de zèle à leur arrivée, finissaient par s'en mordre les doigts et se résignaient devant l'impertinence ainsi que les incivilités qui dominaient au sein du collège. Car comme on dit : « Ils trouvaient à qui parler. » Certains s'y sont cassé les dents. Notre détermination allant jusqu'à rayer la peinture ou crever les pneus du véhicule de ceux qui s'obstinaient à vouloir imposer une discipline trop rigide. Le collège était un bon endroit pour se montrer réticent à toute autorité, et ainsi entretenir ou bien renforcer sa réputation de forte tête amenant respect, reconnaissance de ses pairs. Il était important d'avoir cette reconnaissance afin d'exister au sein de la cité. Comme je le dis plus haut, ce n'était pas le fait d'avoir de bonnes notes qui amenait cette respectabilité. Eviter à tout prix le déclassement au statut de « bouffon » autant dire de victime. Eviter de s'entendre dire à la sortie d'un cours : « T'es un bouffon ! Comment il t'a mal parlé le prof ! » ou bien d'avoir acquiescé docilement à l'une de ses remarques, ou à l'une de ses sollicitations de participation au cours. Sollicitations bien souvent perçues comme un ordre dont il fallait s'empresser de contester l'autorité. Une simple demande de lecture d'un texte pouvait vite devenir la source d'un conflit, si le professeur devenait trop insistant et que l'élève choisi ne cédait pas. Une lutte de pouvoir s'engageait alors. Le professeur pour préserver son autorité, l'élève pour défendre sa réputation tout en cherchant à la consolider. Le ton montant, souvent cela se terminait par une expulsion du cours avec un passage au bureau du surveillant général et heures de colle à la clé. Cela avait pour avantage que les deux parties en opposition en ressortaient gagnantes. Le professeur en gardant, d'une certaine manière, le contrôle des événements et ainsi de son autorité, constamment remise en question. L'élève en marquant des points aux yeux des autres en n'ayant pas cédé, confortant ainsi sa renommée de mauvais garçon. Une expulsion d'un cours était toujours considérée comme une victoire pour celui ou celle qui la subissait. L'élève exclu sortait du cours en traînant une nonchalance désinvolte, arborant un large sourire pour bien démontrer que cette exclusion ne l'affectait pas le moins du monde. Il devait finir l'heure en salle de colle où le plus souvent il y retrouvait d'autres potaches ayant subi le même sort, le popularisant un peu plus du même coup. J'eus bien entendu, moi aussi, mon quota d'exclusions. Fallait bien exister…

Tout l'art du professeur consistait donc à parvenir à nous demander de faire quelque chose, tout en nous laissant croire que cela venait de nous. Certains maniaient cet art d'illusionniste avec intelligence et sagesse, afin d'obtenir une paix en classe, qui restait néanmoins fragile. Un professeur de musique, fatigué de devoir faire la discipline durant toute l'heure pour assurer un semblant de cours, tant nous nous fichions de ce qu'il cherchait à nous enseigner, négocia avec nous que si nous écoutions attentivement, sans désordre durant une demi-heure, il nous laisserait tranquille la demi-heure suivante du cours, si ce que nous faisions avait rapport avec la musique. L'accord conclu, nous avons pu amener des disques en cours pour écouter les groupes et chanteurs qui nous enchantaient à l'époque. Les musiques de Kool and the Gang, Earth Wind and Fire, Georges Benson, Barry White et bien sûr sans oublier l'icône Bob Marley sont venues résonner entres les murs du collège. Tout le monde était content. Le professeur, qui durant cette demi-heure de silence parvenait à nous faire un cours digne de ce nom. Se faire entendre pour réussir à nous transmettre plus de connaissances qu'auparavant lorsqu'il s'épuisait à faire la discipline durant toute l'heure. Nous, car nous avions le sentiment de gagner quelque chose, et pouvions durant cette demi-heure faire un devoir ou demander à un élève plus doué de nous aider à le faire. Certains pourront y voir une forme d'abandon, de lâcheté devant l'adversité. J'ai aujourd'hui personnellement, beaucoup de respect pour ce professeur de musique dont je n'ai pas oublié le nom. Il avait compris qu'il n'obtiendrait rien de nous durant ce cours s'il ne changeait pas sa manière de faire. Il n'avait manifestement pas envie de nous déclarer la guerre non plus. Il savait que cela n'amènerait rien de plus, si ce n'est du conflit. Animé par une réelle volonté de vouloir nous instruire malgré notre réticence hargneuse, il trouva de façon adroite, d'une manière astucieuse, le moyen de parvenir à ses fins sans totalement démissionner, comme ce pouvait être le cas pour d'autres professeurs. Sa passion pour la musique était plus forte que notre volonté de lui nuire, de nous saboter. Plus forte que notre je-m'en-foutisme contagieux. Car durant le cours de musique, nous étions une forte majorité à ne pas nous sentir concernés. Pour moi, cela prouve qu'il croyait en nous, qu'il avait bien saisi la problématique qui animait nos comportements de mutins, en quelque sorte, il nous a témoigné du respect. Il eut été bien plus facile pour lui, de ne rien tenter. Ne cédant pas non plus, à la tentation de venir sur le terrain de l'antagonisme. Ce jour-là, il a fait un pas vers nous, nous avons fait un pas vers lui. Ce fut, sans que nous la lui accordions, une belle victoire pour lui. J'ai encore en tête une chanson d'Eddy Mitchell, « Sur la route de Memphis », qu'il était parvenu à nous faire apprendre, bien que celui-ci soit un chanteur ringard à nos yeux d'adolescents. Chaque fois que j'entends cette chanson sur les ondes, je repense à M. Stone, et tout en chantonnant, je souris de cette habile manipulation. Sans cet astucieux stratagème, il n'y serait jamais arrivé. Merci à lui.

D'autres professeurs ressentaient tout compromis comme une soumission inacceptable. La peur de perdre le pouvoir que l'institution leur conférait, les berçant dans l'illusion d'être protégés par ce statut. L'image qu'ils se faisaient du professorat les rendait intransigeants à toute conciliation, car ils ne voyaient pas d'autres méthodes qu'user d'autorité pour assurer leur mission. Certains y parvenaient, bon gré mal gré, d'autres n'étaient pas du tout préparés à ce genre de confrontation provocatrice. Cela devenait excessivement difficile de résister à la pression que nous exercions sur eux. Pression d'autant plus forte qu'ils s'entêtaient à garder cette ligne de conduite rigoureuse. Pour nous, c'était un jeu, pour eux, un combat usant qui revenait inlassablement tel le ressac, dont certains ne sortiraient pas vainqueurs, tant l'adversaire était nombreux et surtout déterminé à en découdre. Nous étions semblables à des kamikazes, ces pilotes d'avions Japonais sacrifiant leur vie en fonçant sur les cuirassiers de la marine Américaine, animés par la seule motivation de les détruire et qui, à l'avantage du nombre, parvenaient à les endommager, voire à les couler. Je pense que cela ne devait pas être l'image qu'ils s'étaient faite de leur métier avant d'arriver en Z.E.P. (Zone d'éducation prioritaire). Pour certains, le choc était rude et déstabilisant. J'ai pu voir deux professeurs craquer, se mettre à pleurer en plein cours tant ils étaient à bout de nerfs. L'impasse dans laquelle ils s'étaient engagés bien malgré eux, les mena à la dépression. Nous ne les avons plus jamais revus. D'autres piquaient des crises d'hystérie sous la poussée de la colère accumulée. En vociférant leur courroux, ils nous rappelaient dans un esprit vengeur à quel point nous étions nuls et bons à rien. Cela nous amusait beaucoup bien entendu, le but était atteint, signe de victoire. Sans pour autant en être affectés, car nous étions, pour la plupart, rodés à ce genre de scène, et de paroles désobligeantes à la maison pour ne pas en faire cas et encore moins nous en émouvoir. Comment voulez-vous que des profs, des pions puissent nous impressionner, nous en étions déjà à provoquer la police ? Chaque jour qui passait, renforçait notre confiance et notre désinvolture face à l'autorité.

Je mesure la patience, la volonté, l'abnégation, parfois le courage qu'il aura fallu à tous ces professeurs pour se lever le matin, et venir tenir leur poste pour y affronter ces diables qui n'avaient qu'une idée en tête : les faire enrager ; et pourtant, en dépit de tout, continuer à tenter de nous inculquer connaissances et savoirs généraux. Pour cela je tiens à leur témoigner toute ma considération, je sais que la tâche était ardue. Ils étaient bien malgré eux, le dernier lien qui nous reliait à la société extérieure, le seul contact que nous avions en dehors de la zone d'influence que représentaient les tours de la cité, hormis bien sûr, les contacts que nous avions avec la police.

J'aimerais finir ce passage en parlant de Mme Coulon, ma prof de français en quatrième et en troisième. Ce petit bout de femme en fin de carrière, qui ne devait pas mesurer plus d'un mètre cinquante et peser moins de cinquante kilos, parvenait à nous tenir en respect. Je ne sais par quel miracle, sans cris, sans entrer en rivalité avec nous, mais avec fermeté, cette femme parvenait à faire régner la discipline dans son cours ainsi que déférence à son égard. Il n'y avait jamais de dérapage, aucune confrontation, aucune expulsion durant ces deux années en sa compagnie. Tout le monde se pliait avec magnanimité à cette autorité qui lui était toute naturelle et reconnue. Elle savait mettre puis conserver une distance entre elle et nous sans mépris de sa part, entretenir une pertinence dans ses propos qui pour le coup nous impressionnait. Elle était la prof, nous étions les élèves. Elle détenait le savoir, nous étions là pour apprendre ce savoir. C'était une adulte, nous étions des enfants. Elle savait, nous ignorions. Elle dissertait, nous écoutions. Elle avait un charisme qui rayonnait, lui donnant toute sa force bienfaisante, annihilant toute velléité contestataire de notre part. Lorsque nous passions le seuil de la salle de cours dans laquelle elle officiait, les loups que nous étions, se transformaient en de bons élèves attentifs. Où les plus agitateurs d'entre nous respectaient le silence demandé sans faire d'histoire. Un mystère que je n'ai jamais pu élucider et qui me stupéfie encore.

De plus, elle me prit sous sa coupe. Mme Coulon m'obligeait à me placer aux premiers rangs de la salle, près des bons élèves, me coupant ainsi du reste de la clique d'agités dont je faisais partie d'ordinaire. Elle me posait régulièrement des questions pour que je réponde, m'obligeant à m'impliquer, à réfléchir sur le sujet que nous traitions. Elle me demandait systématiquement au début du cours de lui montrer les devoirs que nous devions faire à la maison, ne me laissant aucun répit sur ce plan. Les copains me raillaient se gaussant de ce traitement, pensant que j'étais sa tête de turc et ils s'en amusaient. Car eux, elle les laissait tranquilles au fond de la classe, ne leur demandait rien si ce n'est le silence. J'enrageais de ce traitement injustifié et partial à mes yeux aveugles à toute cette bonté cachée sous un masque de sévérité. Ce que je prenais à l'époque pour du harcèlement dans le but de m'ennuyer, était en fait une attention prévenante à mon égard. J'imagine, pour expliquer cette considération protectrice, que Mme Coulon, au regard de sa grande expérience, avait su déceler le potentiel d'un bon élève. Sentir en moi que tout n'était pas perdu, qu'il y avait du bon qui sommeillait, qu'elle avait vu les possibilités qui m'habitaicnt, il fallait simplement les mettre à jour. J'aurai jusqu'à mon dernier souffle une pensée pour elle, pour ce qu'elle aura fait en parvenant, avec énergie et passion de son métier, à donner naissance en moi à l'amour de la langue française. Depuis, je ne cesse de m'appliquer à entretenir, enrichir cet acquis qu'elle aura su me communiquer avec bonté. Cela m'aura permis de constater qu'une personne peut vous léguer un bien qui vous semble au premier abord dénué d'intérêt, inutile, sans valeur marchande, et qui, pourtant, est une aubaine, un véritable trésor et peut rendre un homme ou une femme riche simplement en détenant ce bien. Ce genre de valeur n'a pas de prix. Comment quantifier cette richesse non-négociable ? D'ailleurs je n'en ai pas envie, le simple fait de savoir que je le détiens suffit à mon Bonheur. Ce trésor qu'elle m'aura transmis, m'a sans aucun doute permis d'avancer au cours de ma vie, bien plus loin que je n'aurais pu le faire sans lui. Au-delà de ces cours qu'elle dispensait de manière passionnée, elle m'aura également transmis des notions de respect à l'égard de l'autre, et cela malgré notre différence. Motivée qu'elle était, d'un Amour désintéressé si ce n'est celui de bien faire son métier. Induisant dans mon esprit, une ouverture sur le monde qui m'entourait, me renvoyant que celui-ci pouvait ne pas être uniquement hostile et cynique, comme nous le pensions. Mission accomplie Mme Coulon, et bien plus encore. Vous avez une place toute particulière dans ma galaxie d'Amour et votre souvenir scintille en moi sans faiblir. Ce livre s'il voit le jour, sera le plus grand, le plus bel hommage que je puisse lui rendre de l'incommensurable reconnaissance que je lui voue.

Le collège était devenu pour nous un formidable espace de récréation, laissant libre cours à nos pitreries et diableries en tous genres. Nous ne manquions pas de sagacité sur ce terrain. L'un de nos jeux favoris était de rester le plus longtemps possible à l'intérieur des locaux lors de certaines récréations, particulièrement lorsqu'il pleuvait. Vu que cela était interdit, cela devenait drôle pour nous. C'était donc un véritable jeu du chat et de la souris entre les pions et nous autres. Il faut dire que l'établissement qui était sur deux étages avec un escalier nord et un escalier sud, ainsi que de multiples recoins, se prêtait à merveille à ce jeu. Le dernier d'entre nous expulsé, bien souvent *manu-militari* par des pions excédés, avait gagné.

Un jour nous décidons d'inonder le deuxième étage. Nous avions repéré que dans l'une des toilettes il y avait un robinet, qui servait au personnel de nettoyage et n'était pas muni d'un arrêt automatique ; celui que l'on pousse et qui revient seul pour finir par s'arrêter. Nous savions que c'est durant la pause du repas que le robinet resterait ouvert le plus longtemps. Nous montons donc à l'heure de midi, pour boucher le lavabo avec du papier toilette et ouvrir le robinet à fond, puis nous prenons la fuite. Nous apprenons, en début d'après-midi, qu'il n'est pas possible de suivre les cours au deuxième étant donné que celui-ci est inondé. La direction n'en a pas précisé la raison, vraisemblablement pour ne pas faire de pub à ceux qui ont commis cette dégradation volontaire et éviter ainsi d'éventuelles surenchères. Une autre fois, Katia, eh oui, certaines filles n'étaient pas en reste, lance l'idée de mettre le feu au collège. Nous montons au deuxième étage, une fois de plus, et, Katia possédant un briquet sur elle, nous la hissons sur nos épaules pour qu'elle puisse atteindre le faux-plafond. Fort heureusement les plaques étaient ignifugées, et à notre grand étonnement ne purent s'enflammer. Nous sommes repartis frustrés mais contents de nous, d'avoir osé cette nouvelle bravade.

A cette époque, les tags n'existaient pas encore comme on peut les connaître aujourd'hui. Mais nous avions un copain qui devait sûrement avoir une âme d'artiste qui sommeillait en lui, et qui ne pouvait s'empêcher de dessiner ou d'inscrire des graffitis sur les murs de l'établissement, invitant entre autre à l'insurrection, à la grève des cours, ou bien à la gloire du cannabis. Ce qui je dois le reconnaître, était son thème préféré. Son inspiration venant peut-être de là. Toutes ses fresques étaient signées « La bite masqué », faute d'orthographe incluse. Seuls quelques-uns connaissaient ce pseudo dont il s'était affublé, ceci afin d'éviter toute délation, car le proviseur s'était mis en tête de rechercher cet énergumène qui s'amusait à prôner la chienlit. Par un jour de malchance, un professeur lui confisqua un cahier contenant de nombreux dessins signés par ce surnom. Ce qui devint du même coup son épitaphe. Il dut revenir plusieurs mercredis après-midi afin de nettoyer ses œuvres, ainsi que nombre d'autres dégradations qui n'étaient pas de son fait. Ce pseudo étant devenu célèbre à l'intérieur du collège, bien d'autres en avaient fait leur signature. Ce fut le prix à payer pour sa popularité.

Lorsque nous n'étions pas motivés pour suivre un cours, ce qui revenait souvent, nous avions toute une batterie de combines pour en écourter la durée. La première était de mettre du papier, du chewing-gum dans le trou de serrure de la porte de la salle de cours qui nous accueillait. Le temps que le professeur agacé parvienne à ouvrir, il se passait bien cinq à dix minutes, voire dans le meilleur des cas le double quand, ne parvenant pas à ouvrir, le professeur devait aller se renseigner pour une autre salle libre, afin que nous puissions nous rabattre sur celle-ci. Tout cela sous les cris de notre indignation perfide face à de tels actes de vandalisme. Ce qui contribuait grandement à grossir l'agacement du professeur qui n'était pas dupe de ces simagrées pleines de crâneries. Une autre manière était de déclencher une fausse bagarre durant le cours. Nous nous mettions d'accord au préalable avec un copain, et sous un prétexte futile, nous nous mettions à nous disputer pour en arriver à nous molester, encouragés par quelques élèves à nous battre pour régler ce différend qui nous opposait. Tout cela créant un véritable tohu-bohu, obligeant le professeur à s'intercaler afin de nous séparer. Nos talents de comédiens devaient être suffisamment convaincants, car jamais un prof ne se douta de la supercherie. Il faut dire que nous étions habitués à ce genre de provocation intimidante au quotidien, pour en connaître le jeu sur le bout des doigts ainsi que sur le bout des lèvres. Il fallait un bon moment pour que tout redevienne calme et pour que chacun récupère ses esprits pour suivre le cours à nouveau, autant dire que l'heure était bien entamée. Cela pouvait tout aussi bien se terminer par une double exclusion. Le professeur demandait alors à un troisième élève d'accompagner au bureau du surveillant général les deux rebelles, pour s'assurer qu'ils ne recommencent pas à se battre. Sortis de la salle, c'est hilares et ravis de notre fourberie, que nous nous rendions au bureau pour enregistrer les heures de colle qui ne manqueraient pas de suivre.

Il y avait aussi le classique de la boule puante, mais rapidement, au lieu de nous faire évacuer la salle le temps qu'elle s'aère, les professeurs nous laissèrent baigner dans l'odeur nauséabonde, ce qui faisait que notre malveillance se retournait contre nous, mais le cours en était tout de même bien perturbé. Autant nous n'étions guère motivés à solutionner le moindre problème d'ordre scolaire, autant nous mettions diaboliquement en branle nos méninges pour résoudre le moindre défi qui s'offrait à nous, de contourner ou d'escalader le moindre obstacle qui se dressait devant nous, tenant ça pour provocation. Nous fonctionnions sur ce principe et pensions tout logiquement qu'il en était de même pour les autres. Face à la détermination du corps enseignant, nous avons trouvé rapidement un stratagème bien plus efficace que les boules puantes. Ce qui m'amène à penser que nous n'étions pas dénués de vivacité d'esprit, pour peu que nous y trouvions un intérêt. Comme nous nous amusions à le dire entre nous : « On est peut-être pas bons, mais dans le pire on est les meilleurs. » La parade fut donc, les bombes lacrymogènes qui faisaient leur apparition à cette époque. La plupart d'entre nous, tout du moins les mauvais garçons et parfois les mauvaises filles, en possédaient une. Il suffisait alors de demander à un copain, d'une autre classe, qui n'avait pas cours, de venir répandre du gaz dans notre salle, en l'aspergeant par le bas de la porte. Seul impératif : que la salle en question soit proche des escaliers afin de disparaître rapidement. Le résultat était garanti, l'évacuation de la salle était immédiate et là, pas question de nous y laisser de force. Nous n'avons utilisé cette pratique qu'une à deux fois, car celle-ci avait le don d'agacer fortement le corps enseignant, notamment le directeur qui menaçait toute personne en possession d'une bombe, d'exclusion. Et pour celui qui serait pris sur le fait, celle-ci serait définitive.

Même si le corps enseignant s'en défendait, bien des années après, je pense qu'à partir de la quatrième, notre classe a été composée pour regrouper, plus ou moins, les élèves les plus indisciplinés et les moins doués. Une classe sacrifiée probablement dans l'idée de limiter le désordre dans les autres. Nous avions la renommée d'être l'une des classes du collège les plus « bordéliques », ce statut justifiant notre orgueil d'en être et nous incitant grandement à le demeurer. Indubitablement, ce n'était pas la totalité des élèves de la classe qui adhérait à ce genre de pratiques déstabilisatrices et malignes. En premier lieu, nous étions un noyau dur d'une petite dizaine, que j'appellerai les meneurs-agitateurs. Venait ensuite une partie qui n'était ni meneurs, ni agitateurs mais que je nommerai les suiveurs. Ils venaient gonfler nos rangs lorsque le jeu s'y prêtait, trop contents, ainsi, que l'heure passe plus vite, sans pour autant prendre de grands risques dans leur implication au chahut. Lorsque ceux-ci adhéraient à la contestation nous devenions majoritaires. Le problème soulevé devenait alors, encore plus complexe à gérer pour le professeur. Puis, venait le dernier carré d'une douzaine d'individus, bien déterminés à travailler lorsqu'ils le pouvaient, appelés « les bons élèves » par les professeurs. Pour nous ils intégraient la catégorie « des bouffons. » Ils faisaient bien partie de la classe, mais étaient transparents à nos yeux, tant qu'ils ne nous gênaient pas dans nos actions. Et très peu s'y risquaient. Pour eux, il est incontestable que tout ce temps perdu était du gâchis. Ils avaient raison, mais au collège Jacques Jorissen, « La raison du plus fort est toujours la meilleure[12]. »

Les pions se rangeaient en deux catégories. Les conciliants, qui nous laissaient faire ce que nous voulions tant que cela ne risquait pas de leur être préjudiciable.

[12] JEAN DE LA FONTAINE, *Fables* : « Le loup et l'agneau ».

Certains même, devenaient potes avec nous, s'amusant et blaguant de nos frasques. Puis ceux qui entraient en résistance, là, ça devenait du sport pour eux. Comme nous ne témoignions déjà pas d'un grand respect pour les profs, alors pour un pion en excès de zèle, celui-ci avoisinait le point zéro. A part nous menacer d'heures de colle, ils n'avaient pas d'autres moyens de pression pour parvenir à nous faire obéir. Et les heures de colle ne nous effrayaient pas. Nous en rigolions entre nous, arguant que pour toutes les effectuer, tant nous en avions, il aurait fallu que le collège reste ouvert vingt-quatre heures sur vingt-quatre. Je ne suis pas sûr que les heures supplémentaires étaient une bonne chose pour les pions. Cela pouvait devenir un véritable calvaire pour eux. Car pour les effectuer, nous nous retrouvions une belle brochette de cancres, qui n'avaient qu'une envie : déconner à plein tube. Ce qui amenait certains d'entre eux à nous pointer nos heures puis, sans pour autant qu'ils en soient dupes, à fermer les yeux lorsque nous nous éclipsions discrètement. La salle étant au rez-de-chaussée, nous passions par les fenêtres pour disparaître. Ils préféraient nous savoir dehors que devoir faire le flic durant une heure. Nous terminions tellement souvent au bureau des surveillants, que ceux-ci connaissaient par cœur notre patronyme, ce qui n'était pas le cas de tous. Cette reconnaissance particulière était une fierté. En démontrant que nous n'étions pas des inconnus pour eux, cela signifiait aux yeux des autres notre titre d'insoumis.

Nous nous sentions valorisés par cette marque distinctive qui nous différenciait des élèves lambda qui venaient, eux, pour étudier et qui devaient évidemment ne voir aucune gloire dans cette différenciation de statut. Nous devions être à leurs yeux, tout au plus des idiots aux manières brutales qu'il valait mieux ne pas contrarier. Car une partie des élèves du collège ne venait pas de la cité mais des pavillons et petites résidences aux alentours. Ce qui les particularisait automatiquement, les obligeant à faire leurs preuves pour se démarquer et ainsi intégrer notre groupe, pour ceux qui en ressentaient la nécessité. Certains y parvenaient. J'ai le souvenir de l'un d'entre eux qui est parvenu à se faire accepter parmi nous, bien qu'il vienne de la caserne de gendarmerie mobile, située non loin. Ce n'était pas gagné d'avance. Dans son souci d'intégration et d'être bien différencié des bons élèves, il était pire que nous, dépassant souvent les limites. Son effronterie, ses impertinences exacerbées lui ont valu des expulsions temporaires. Il passa haut la main cette épreuve d'intégration, se rendant même parfois ridicule tant il poussait à l'extrême son comportement outrancier. Bruno fut le seul et unique cas où nous avons lié une amitié avec un fils de gendarme. Pour les autres, sans distinguer le fait qu'ils n'étaient en rien responsables du métier que leur père exerçait, nous leur en faisions chèrement payer le prix. Ce comportement agressif envers eux, en ont poussé certains, ne supportant plus nos provocations incessantes, à quitter l'établissement en demandant une autre affectation. Leur savoir vivre ensemble, leur sérieux, leur respect du cadre et des individus les rendant totalement abscons pour nous. Cette différence méritoire, nous leur en tenions rigueur, et faisions en sorte de leur montrer clairement notre désaccord avec ce mode de fonctionnement. Deux mondes se télescopaient dans la cour de récréation. Qu'il devait être pénible et incompréhensible de vivre ce rejet arbitraire ! Notre souffrance amenait cette insolence, cette intolérance qui faisaient que nous avions une vision manichéenne du monde. Tout se divisait en deux camps. Amis/ennemis, les bons/les cons, la cité/l'extérieur, les comme-nous/les autres, ne pouvant nous identifier qu'à ceux qui connaissaient notre univers, nos codes, ce qui sans le savoir, nous marginalisait. C'était une façon de défendre notre identité que nous recherchions, défendre pieds et poings notre particularité que nous pensions existentielle. Nous singulariser du reste de la population pour rester fidèles au groupe qui nous avait vus naître et dont nous nous sentions viscéralement solidaires, même si celui-ci nous menait à la potence.

De manière suicidaire pour notre futur nous rejetions le système scolaire. Il faut dire que le niveau de culture était faible à la cité. Ce qui avait pour incidence que nombre d'entre nous n'avaient pas le solide socle linguistique indispensable pour bien débuter sa scolarité. Nombreux étaient ceux, issus de l'immigration, qui peinaient pour apprendre à lire et n'avaient généralement personne pour les aider le soir à la maison, où bien souvent le français n'y était pas usité. Cette lacune majeure creusait un fossé s'élargissant au fil des ans, leur ôtant toute chance de parvenir à suivre le rythme. Ce qui avait pour effet de les renvoyer à leur incapacité récurrente à apprendre, les laissant se persuader avec le temps d'être incapables, nuls pour les études, qu'ils finiront par rejeter. Immisçant en eux impuissance, frustration, colère contre ce système les délaissant, les excluant. Pour finir par leur donner l'impression de ne pas être à la hauteur, d'être un zéro, comme ce chiffre souvent reçu à leurs devoirs.

Cela ne préparait pas au mieux une future intégration, vivement attendue par la société. Ces sentiments devenant le terreau de leur violence à l'égard précisément de cette société, accentuant le rejet, spirale glissante amenant vers la « désintégration ». J'en ai vu bon nombre, pour ne pas perdre la face et ainsi masquer leur sentiment d'humiliation, se moquer d'eux-mêmes, de leur nullité. Se flageller dans une auto dérision pour tenter de faire croire que cela dépendait plus de leur volonté, que d'un véritable échec subi et non désiré. Se gargariser d'un : « Je suis nul mais dans ce domaine je suis le meilleur » pouvant aller jusqu'à se disputer entre eux ce titre honorifique de cancre le plus doué, pour garder le prestige de celui qui le détient. Se raccrocher à une gloire, un mérite leur attribuant un savoir valorisant leur personne, fût-il même établi sur une base dévalorisante. L'intégration c'est bien beau de la demander. Mais encore faut-il chercher à comprendre la problématique de celui à qui on la réclame, lorsque celui-ci n'y parvient pas. S'approcher de lui, écouter son histoire, entendre sa difficulté pour définir l'intégration, accueillir ses incompréhensions face au rejet de faciès, pour lui tendre une main solidaire, sans pour autant lui demander de renier son origine qui le caractérise. Autrement, tous les efforts qu'il pourra faire seront vains. Amenant résignation devant l'exclusion ressentie, et décourageant durablement celui qui s'y essaie, tout cela devenant du même coup contre-productif.

Joli mot, lorsqu'on veut bien s'y intéresser, que ce mot intégration. Encore faut-il lui donner de la consistance, surtout depuis ces dernières années. Je pense que cela passe par l'attention que l'on porte aux autres, au respect qu'on leur témoigne. Nous souhaitons tous une société moins individualiste. N'est-ce pas étrange de retrouver régulièrement des comportements qui mènent à l'exclusion ? Au « chacun pour soi ». L'exclusion nous la subissons tous, un jour ou l'autre. A bien y regarder, nous la faisons aussi tous subir à un moment donné. Pas forcément de manière calculée, ni même consciemment, mais le plus souvent sans même nous en rendre compte, de manière normale. La « normalité » est une grande fabrique d'exclusion, car nous avons tous le profond sentiment d'être « normal ». C'est l'autre qui est anormal. A lui donc de se changer, de se transformer en idéal pour s'adapter à moi, puisque je représente la « normalité », voire la « moralité » pensent certains.

Un regard peut exclure, une parole peut exclure, une attitude peut exclure, l'ignorance exclut et tue. Pour celui qui souffre, un comportement inadapté, un mot mal employé, peuvent soulever un tsunami de douleur, un ouragan de colère, là où nous n'aurons rien vu, rien détecté de notre maladresse. L'exclusion suscite, pour la personne qui la subit, des sentiments divers, de non-amour, de dévalorisation, d'humiliation, d'incompréhension, d'ignorance, de jalousie, de colère, d'injustice ; d'être sale, de ne pas exister tout simplement. Comment regarder l'autre sans jugement ? Pour qu'il ne lise pas dans un regard qui serait accusateur, l'avilissement de son être le renvoyant à ses manques et à son impuissance. Porter sur lui, plutôt un regard bienveillant qui lui inspire : « Regarde en toi ce que tu recèles. » On ne se voit bien que dans le regard de son semblable, mais encore faut-il vouloir s'en approcher. L'indifférence est la première brique d'une fondation à laquelle chaque jour qui passe viendra ajouter une autre brique qui finira par créer un mur entre moi et l'autre. Pour finir par me sentir couper de lui et par là même du reste de l'Humanité. Alors soyons très vigilants face à « l'indifférence normalisée ».

Malgré mon esprit oisif et mon manque d'implication dans mes études, je suis parvenu jusqu'en troisième. Certainement parce qu'il y avait bien pire que moi. Nombreux sont ceux qui ont été orientés en C.A.P. à la fin de la cinquième, il fallait bien qu'ils gardent quelques élèves. Etant à l'aise avec les mathématiques, j'ai choisi une orientation pour un lycée préparant un bac technique de type F2, F3, à mon grand regret par la suite. Mon amour pour le Français n'avait pas encore germé. La graine était plantée mais il fallut que d'autres viennent l'arroser pour que je ressente ce penchant, parachevant ainsi le travail initié par Mme Coulon. Avec le recul, je me dis que je m'en serais certainement mieux sorti, mais c'est qu'il devait en être ainsi. Ce type de bac préparait entre autres à faire carrière dans l'informatique, et en ce début des années 1980, on ne cessait d'entendre partout que c'était l'avenir. Comme un mouton suivant le troupeau de peur de se perdre, je me suis engagé sur cette filière sans trop m'interroger. Vu mes résultats scolaires, c'était déjà miraculeux que j'en arrive là. J'étais fier d'intégrer un niveau supérieur. Mais l'avenir s'assombrit rapidement.

Les vacances passées, arrivé dans mon nouveau lycée, lors du premier cours sérieux de mathématique, la prof nous précise que durant quinze jours nous allons faire des révisions pour qu'elle puisse évaluer le niveau général. Puis, elle se tourne et commence à écrire des formules pour que nous cherchions la réponse. Je ne comprends rien à ce qu'elle vient de noter. Elle eût écrit du chinois que cela ne m'aurait pas plus surpris. J'attends donc la correction en pensant que ce mystère s'éclaircirait. *Que nenni*, celui-ci s'obscurcit au contraire. Je balaye ce flou en évoquant la malchance d'un choix de la seule leçon, que nous n'avons pas étudiée à Jorissen. Au cours suivant, j'arrive dans la peau de celui qui va montrer de quel bois il se chauffe, et lancer ainsi ma nouvelle année scolaire. Rebelote, deuxième cours, encore du chinois au tableau. Le doute commence à pointer. J'observe autour de moi. Tous les autres élèves sont penchés sur leur copie et s'affairent à la griffonner, assurés de leur savoir. Seule la tête de l'un d'entre eux est relevée et arbore la même expression d'ébaubi que je dois immanquablement afficher. Nous nous renvoyons une moue interrogative puis nous sourions. Un sourire dont le but est de se rassurer plus que de montrer sa joie. Celui qui est devenu mon nouveau pote, rallié sous la bannière de : « Qu'est-ce qu'on fout là ? », instruit la professeure d'un : « Dame, je comprends rien ! » au ton nonchalant. La dame en question occupée à écrire des notes lui signifie d'une parole détachée : « Pourtant ce ne sont que des révisions », sans même lever la tête afin de se renseigner sur l'identité de l'égaré. Ignorance n'invitant pas spécialement à poursuivre le dialogue. Je prends donc la décision d'attendre la fin du cours pour aller lui parler de ce trou noir que je ne m'explique pas. Car même si en troisième je n'étais pas un élève brillant, j'avais des facilités en mathématiques qui me plaçaient dans les premiers sur cette matière, d'où le choix de mon orientation. Arrivé devant elle, je lui explique la raison de ma présence. Elle me questionne sur les derniers cours sur lesquels nous avons travaillé en troisième avec mon professeur précédent. Après lui avoir répondu, elle m'informe avec grand étonnement : « Mais vous avez trois mois de retard sur le programme », et dans un grand sérieux qui me stupéfie, rajoute : « Il va falloir vous dépêcher de rattraper si vous voulez suivre. » Je la remercie et en partant me dis : « Elle est folle, je ne vais certainement pas me taper trois mois de cours à rattraper. Elle ne sait pas à qui elle a affaire. Elle m'a pris pour Einstein ?» Le constat était le même pour d'autres matières. Quinze jours après mon admission, le couperet tombait, terminus tout le monde descend. L'addition des serrures bouchées, des bagarres truquées, du chahut permanent perturbant sans cesse la progression du cours, des exclusions, venait de m'être présentée. J'en suis déconcerté, un peu sonné. On me propose bien d'aller au bout de mon année, puis de redoubler pour choisir une autre filière. Je vais bientôt avoir dix-huit ans, je ne me vois pas intégrer le livre Guiness des records comme étant l'élève le plus âgé jamais vu en seconde. En âge d'épouser sa Prof. Sans le savoir mon salut se dessinait. Juin 1983, je faisais une demande de report de service militaire afin de poursuivre les études qui m'attendaient. Six mois après, j'écrivais de nouveau au ministère des Armées pour devancer mon appel sous les drapeaux. Quelques mois plus tard, je partais pour l'Allemagne, direction le 110e régiment d'infanterie stationné à Donaueschingen en Forêt-Noire. Caserne militaire semi-disciplinaire aux méthodes rudes qui sera au menu d'un autre chapitre.

Le monde d'en bas

Rue des Bois-de-Groslay. Cité Jules-Auffray. Tour 9. 93700 Drancy. Les premiers pas sur le bitume de mon quartier ne m'offraient qu'une vision restreinte du monde. Monde délimité par la frontière que représentaient les limites de la cité dont nous défendions l'accès tel un joyau, pourtant sans carat, ni éclat. En bas, nous étions chez nous. Considérant cela comme notre seule richesse, nous ne voulions pas en être dépossédés, probablement de peur de perdre l'espoir de pouvoir nous accrocher encore à quelque chose. Cet îlot de béton à la dérive, nous le considérions vital pour notre existence. Ce bout de territoire nous le défendions comme le jardinier peut défendre son lopin de terre face à l'invasion de nuisibles. Forgeant entre nous, face à l'adversité, une amitié fraternelle, nous unissant à la vie, à la mort. Nous berçant de l'espérance de créer une nouvelle famille, nous laissant croire qu'enfin nous n'étions pas seuls. Cataplasme illusoire, masquant maladroitement le réel manque qui nous habitait, sans pourtant en connaître l'origine. Pour beaucoup d'entre nous, la famille ne représentait déjà plus le lieu de protection, de bien-être et d'Amour que chaque enfant est en droit d'espérer. Mais bien souvent un endroit désacralisé où règnent les cris, la violence, l'alcoolisme, l'abrutissement d'adultes ayant perdu depuis longtemps leurs repères, leur équilibre. Des adultes ne parvenant pas à protéger, à guider leur progéniture sur la bonne voie. Une voie d'Amour et d'épanouissement, essentielle aux enfants que nous étions, malgré tout. Comment se construire de manière équilibrée sans un modèle auquel on puisse s'identifier ? Difficile alors de ne pas s'imprégner de ceux que nous propose la rue, trop souvent des grands de la génération précédente. Des tuteurs bancals, dévoyés, tout autant désœuvrés que nous, ayant emprunté la voie traditionnelle de la banlieue, faite de violence, de trafics, de vols et de gloires tout aussi tragiques, qu'éphémères.

Lorsque vous voyez vos parents revenir le soir exténués, usés avec le temps par un travail éreintant où l'on ne leur accorde que très peu de considération, voire pas du tout. Sous le joug d'un petit chef arrogant se comportant tel un kapo. Qu'ils travaillent pour un salaire de misère, leur permettant tout juste de boucler le mois. Sans aucun espoir que ce salaire évolue de manière significative pour qu'enfin, ils puissent entrevoir un changement à leur misère quotidienne ainsi qu'à celle de leur famille, alors, l'abattement face à ce constat, peut facilement venir vous habiter. Devant ce tableau démoralisant, désespérant, la tentation de l'argent facile se transforme aisément en attraction. Il devient donc très difficile de ne pas y succomber. Travailler durement toute une vie pour le même salaire qui vous permet tout juste de survivre ou bien choisir la voie de l'argent facile et des plaisirs qui vont avec, le choix est vite fait à la cité. L'inverse étant perçu comme une faiblesse pour beaucoup. Surtout lorsque vous n'avez pas d'autres modèles de réussite sociale sous les yeux. Certains préfèrent prendre le risque de grosses peines de prison, plutôt que se lever tous les matins pour aller « trimer[13] » pour un salaire indigent. A la cité, la société ne nous laisse pas entrevoir que le travail paye. Mais plutôt, qu'il fait de vous un esclave du système, pour que d'autres s'enrichissent. Surtout lorsque nos élites ne se montrent pas irréprochables sur le sujet.

[13] Travailler durement.

« Magouilles, fric détourné et grosses combines des politiques : quand elles sont vérifiées, elles ont à ce titre des effets désastreux qui renforcent le sentiment d'inégalité et d'universalité de la règle du « chacun se démerde pour en avoir plus[14]. » Comment une société peut en vouloir à de jeunes désœuvrés alors que depuis des décennies nos énarques, aux avantages et aux appointements importants tellement supérieurs aux salaires d'un travailleur, ne montrent pas l'exemple. Avec souvent dans de nombreux cas, la bénédiction d'électeurs qui n'hésitent pas à voter de nouveau pour eux, nonobstant une condamnation en justice pour détournement de fonds publics. Malgré des salaires de misère pour les employés, des patrons de multinationales aux rémunérations indécentes et qui quittent, en plus, l'entreprise avec des indemnités pharaoniques. Quel message notre société renvoie-t-elle à ces jeunes des quartiers qui ne sont pas dupes ? Il devient alors aisé d'être écœuré de voir ce que d'autres détournent, dont ils profitent et bénéficient avec l'aval du système, et qui ont en plus la chance de résider en d'autres lieux plus agréables et plus plaisants à vivre. Cette différence de traitement, cet écart abyssale entre ces deux conditions de vie renforcent cette perception d'injustice et d'inégalité importante de notre société, déjà bien ancrée, n'encourageant pas un sentiment de fraternité, encore moins d'égalité.

En lisant le roman de Victor Hugo, *Claude Gueux*, inspiré d'un fait réel, j'observe que la controverse n'est pas nouvelle. Je cite : « Voyez Claude Gueux. Cerveau bien fait, cœur bien fait, sans nul doute. Mais le sort le met dans une société si mal faite, qu'il finit par voler ; la société le met dans une prison si mal faite, qu'il finit par tuer. Qui est réellement coupable ? Est-ce lui ? Est-ce nous ? Questions sévères, questions poignantes, qui

---

[14] ETIENNE LIEBIG, *Les pauvres préfèrent la banlieue*, Michalon, 2010.

sollicitent à cette heure toutes les intelligences… Cette tête de l'homme du peuple, cultivez-la, défrichez-la, arrosez-la, fécondez-la, éclairez-la, moralisez-la, utilisez-la ; vous n'aurez pas besoin de la couper[15]. » Une société injuste et indifférente peut transformer des hommes en meurtriers, en réaction aux souffrances endurées. Dans mon désir d'égalité, il m'est arrivé, au nom de l'injustice ressentie, de juger un individu, de le condamner et de ressentir le besoin de l'éliminer dans l'espoir d'un monde préférable sans lui. Sans cautionner le crime, aboutissement déraisonné de situations entraînées par l'épreuve, ajouté à une immense et désespérante impuissance, on peut devenir assassin aux vertus pacifiques mais au Cœur meurtri. Face à sa souffrance, l'Homme peut soit la traîner toute sa vie en une longue peine, l'extérioriser en devenant violent, y mettre fin en attentant à ses jours ou bien la dépasser. C'est sur ces choix d'existence qu'il déterminera son avenir.

Il serait plus équitable, non pas que l'argent coule à flot pour quelques-uns, mais que l'argent coule en cascade afin que tous puissent vivre dignement. Du sommet de la montagne aux vallées les plus reculées. « On ne mesure pas la richesse d'un pays à son nombre de millionnaires, mais au fait que personne n'y souffre de la faim.»[16] Voilà comment un pays dit développé, évolué, devrait agir avec ses habitants pour le bien de tous. Il ne faut pas croire que nous étions dénués de tout discernement. La société nous renvoyait un monde violent, où l'argent règne en maître, où la loi du plus fort est raison pour celui qui le détient. Nous étions bien conscients du décalage qui pouvait exister entre ce que nous dévoilaient l'existence de nos

---

[15] VICTOR HUGO, *Claude Gueux*, Le Livre de Poche. Claude Gueux, jeune père de famille vivant dans un grand dénuement, devient voleur récidiviste pour nourrir les siens. Condamné à huit ans de prison pour vol avec récidive, durant sa détention il tuera le gardien-chef au comportement tyrannique, provocateur et humiliant. Condamné à mort pour ce crime, il sera décapité en juin 1832.

[16] Mahatma Gandhi.

parents, le dénuement dans lequel nous vivions, la violence de la misère de la vie à la cité et l'opulence, l'abondance, un cadre de vie idyllique constatés chez certains en d'autres lieux. L'injustice elle est là, et c'est là que commence la délinquance. L'indignation face à cette société, indifférente au sort de certains de ses citoyens. Je ne peux m'empêcher de mentionner Nelson Mandela, un autre de mes mentors en matière d'humanisme : « Il ne peut y avoir plus vive révélation de l'âme d'une société que la manière dont elle traite ses enfants. » Car ne l'oublions pas, lorsque la société abandonne une partie des hommes et des femmes qui la constituent, elle abandonne aussi leurs enfants avec. Il ne faut donc pas s'étonner que ceux-ci en grandissant entrent en révolte, se rebellent, basculent dans des conduites extrémistes, tenant la société pour responsable ; qu'ils rejettent celle-ci, désabusés, se sentant abandonnés, exclus, soulevant colère et insurrection en eux. La société bien qu'elle s'en défende, a une part non négligeable dans ce constat douloureux mais nécessaire pour envisager des jours meilleurs. On ne peut bâtir un monde meilleur sur un socle d'indifférence des souffrances, d'exclusion, d'impassibilité au sort de son semblable, quel qui soit, où qu'il soit. J'en suis convaincu, notre société aurait très largement les moyens de faire autrement, mais encore faut-il qu'elle veuille s'en donner les moyens. Le constat du mal est également là…

Je rêve d'un pays solidaire qui lutterait pleinement contre les inégalités ne laissant personne sur le bord de la route, aussi insignifiant soit-il. Je rêve d'un pays qui s'efforcerait véritablement de donner toutes les chances de suivre une scolarité convenable à ses enfants. Des études accessibles pour tous et non une sélection par l'argent amenant une consanguinité sociale des élites. Sclérosant, dégénérant notre société, la coupant de sa base, fissurant son unité. Je rêve d'un pays qui chercherait à éradiquer définitivement la misère et la faim sur son sol. Je rêve d'un pays qui s'efforcerait de diminuer la souffrance de ses citoyens pour le bien-être de tous. Je rêve d'un pays qui se soucierait de ne pas abandonner ses enfants pour les laisser grandir dans des ghettos où dominent violence et pauvreté. Je rêve d'un pays qui abolirait le calcul de son P.I.B[17] pour instaurer sur son territoire le B.I.P (Bonheur Individuel Possible). Voilà l'image que je me fais d'un pays développé, évolué et véritablement civilisé, où il deviendrait possible d'écrire, liberté, égalité, fraternité, en lettres majuscules.

Sans quoi, comment ce pays peut-il se regarder tous les matins dans le miroir, se gargariser d'être la cinquième puissance mondiale[18], et se répéter inlassablement « jusque-là tout va bien ?» Pourquoi attendre que tout aille mal ? La révolte des banlieues en 2005 est là pour nous le rappeler, ce cri de détresse a-t-il été entendu ? Je ne le crois pas. Alors attendons-nous à ce que celui-ci soit encore plus fort et plus violent à la prochaine révolte, au prochain avertissement d'exaspération de toute cette accumulation de désespoir. Souvent j'entends des personnes qui regardent un reportage animalier s'offusquer lorsqu'un troupeau se déplace vers des contrées plus verdoyantes, que celui-ci n'attende pas l'un des leurs qui ne peut plus suivre la marche qui est imposée et l'abandonne à son triste sort. Il me semble que notre société n'agit guère différemment avec ceux qui ne peuvent suivre le rythme de son développement économique, de sa demande de sacrifice pour alimenter son souhait de croissance constante. Il serait temps de s'élever sur l'échelle de l'Humanité, pour laisser derrière nous le palier de l'individualisme. Sinon à quoi sert-il d'avancer vers le progrès, si celui-ci nous ramène en arrière sur le plan des valeurs humaines ?

---

[17] Le Produit intérieur brut quantifie pour un pays sur la base d'une année, la valeur totale de la « production de richesse » effectuée par les agents économiques résidents à l'intérieur de ce territoire.

[18] Chiffre arrêté en 2010.

L'ingénieur qui travaille au développement d'un projet important d'une multinationale a besoin de vêtements, de chaussures pour venir travailler. Besoin d'une route qui le mène sur son lieu de travail, d'une voiture pour l'y emmener. De locaux pour qu'il puisse travailler, d'une table pour poser ses notes, d'une chaise pour s'asseoir, d'un ordinateur pour développer ce projet. Besoin de bons aliments pour qu'il se nourrisse sainement afin qu'il soit performant, et le soir venu d'un lit pour y dormir. Besoin qu'une personne tôt le matin ou bien tard le soir passe un coup de chiffon sur son bureau pour qu'il soit net à son retour. Qu'elle balaie les locaux, vide sa poubelle, que les toilettes où il se rend pour se soulager sentent bon, qu'elles soient propres pour lui être agréables afin qu'il soit dans les meilleures dispositions de travail. Sans tous ces intervenants qui agissent de manière invisible pour son bien-être, l'ingénieur n'est rien, professionnellement parlant. Et s'il devait fabriquer tout ce dont il a besoin pour réaliser son projet, il serait bien moins productif. Tous ces intervenants invisibles ont une part dans la réussite du projet final de cette entreprise. De l'ingénieur à la femme de ménage qui entretient les locaux. Alors pourquoi, au regard de notre société, seule une élite profite de la richesse générée par la réussite de ce projet ? Tout le monde ne peut pas être ingénieur, la solidarité commence là. Nous sommes tous interdépendants. Tout comme la misère des uns est la misère des autres, la richesse des uns pourrait être la richesse pour les autres. Notre pays en sortirait grandi et lui garantirait une plus grande Paix. Je ne parviens toujours pas à m'expliquer ce manque de solidarité des humains entre eux, né de cet idéal matérialiste, du toujours plus pour les uns et du encore moins pour les autres.

La chute dans la délinquance est comme l'addiction pour un alcoolique, il ne la voit pas arriver. Elle s'installe de manière perfide. Il prend un verre, puis deux, puis trois, puis ne compte plus, tout en augmentant le degré d'alcool des liquides qu'il ingurgite. Ne se souvient plus quand cela a commencé, ni pourquoi parfois. Pour le délinquant c'est pareil, il lui faut toujours un coup de plus et que celui-ci soit plus important que le précédent. Ce que certains appellent l'escalade. Le premier lieu de notre apprentissage fut le supermarché le plus proche, où se délita lentement l'interdit que représentait le vol. Nous pouvions y tester notre degré de courage pour commencer, d'ingéniosité en la matière et forger notre confiance. C'était au début des paquets de chewing-gum, puis des paquets de bonbons, de gâteaux plus volumineux, pour finir par des bouteilles d'alcool que nous revendions aux adultes. Certains nous fournissaient même une liste de ce dont ils avaient besoin et nous leurs revendions le butin à moitié prix. Pour cela nous avions une tactique. Trois ou quatre d'entre nous entraient dans le magasin de manière bruyante et tapageuse. Le vigile les repérait et les suivait pour les surveiller. Ce groupe se chargeait de le balader à travers le magasin cherchant à l'éloigner du rayon liquide. Quelques minutes après, deux autres entraient de façon plus discrète et se rendaient directement au rayon alcool pour y dérober des bouteilles. Il suffisait pour cela de les glisser entre notre dos et notre pantalon goulot vers le bas ou bien dans la manche au niveau du bras. En hiver avec un manteau large cela passait allègrement. Puis de ressortir avec un achat d'une bricole pour être plus discret ou bien sans rien. A cette époque les caméras de vidéo-surveillance n'existaient pas encore, cette technique s'avérait efficace. Nous volions aussi des magazines chez le marchand de journaux, cela rapportait moins, mais c'était tellement facile que nous ne nous en privions pas. C'était un jeu aussi pour nous, déjouer la surveillance et parvenir à notre entourloupe nous amusait.

Certains pourront penser que ces adultes avaient bien peu de moralité, c'est certainement vrai. Mais comme je le dis plus haut, lorsque vous gagnez des salaires de misère, alors tous les moyens deviennent bons pour faire des économies. Cela contribue à cette économie parallèle, tant dénoncée, mais qui arrange tout le monde au final à la cité, sauf le commerçant bien entendu. L'adulte qui paye sa bouteille moitié prix et nous qui pouvions nous payer grâce à l'argent récolté, ce que nos parents ne pouvaient nous offrir, toujours pour les mêmes raisons : pas assez de moyens pour le faire honnêtement. Lorsque le salaire que vous gagnez à la sueur de votre front ne vous permet pas de boucler le mois, alors toutes dépenses autres que celles de se loger et de se nourrir pour rester en vie deviennent superflues et donc logiquement écartées. Ce qui n'empêche pas les besoins, les envies d'être là. Qu'il doit être douloureux pour une mère de refuser d'acheter un pain au chocolat à son enfant le lui réclamant, en passant devant une boulangerie, à la sortie de l'école. Non pas parce qu'elle ne le veut pas, mais bien parce qu'elle ne peut pas se le permettre, n'ayant plus un sou en poche. C'est de cela qu'il faudrait que notre société s'inquiète : donner des salaires décents à ceux qui travaillent afin que ceux-ci puissent vivre dignement ainsi que leurs enfants. Les survêtements, les chaussures de marques connues, tant prisées par les jeunes, n'étaient pas accessibles à nos parents. Créant pour certains, douleur et culpabilité de ne pouvoir répondre favorablement à leurs demandes légitimes d'enfants. Pour ma part, comme pour beaucoup de mes compagnons de galère, je pouvais avoir une paire de baskets ou un vêtement de marque, uniquement pour mon anniversaire, ou pour Noël. Voilà ce que nous demandions comme cadeau, quand d'autres obtiennent ça tout au long de l'année. Noël de pauvre que d'offrir comme cadeau ce qui est un bien usuel. Les sorties au cinéma, au fast-food restent à la charge des enfants si leur vient l'idée de vouloir s'y rendre. N'ayant pas d'argent de poche fourni par les parents, le système D prévaut alors. Et à la cité, les combines ne manquaient pas pour se faire de « l'argent de poche ». C'est pourquoi tout au long du livre j'insiste sur le fait que face à de telles conditions d'injustice sociale, résister à la tentation de se faire de l'argent par des moyens détournés, relève de l'impossible, dans une société de consommation comme la nôtre. « Comment taire encore que tant de grandes villes du monde rejettent à leur périphérie des populations dont les plus jeunes sont pour ainsi dire acculés à vivre de la délinquance, de la prostitution ou du trafic de drogue ? Cependant que les uns vivent dans des conditions luxueuses, les autres peuvent à peine survivre. C'est le péché du monde : l'indifférence des uns devant la misère des autres[19]. » C'est de cette frustration, de ce désœuvrement orchestré, de cette iniquité que naît la délinquance, prélude de dérive à venir, bien plus importante et dommageable pour la société. C'est par ces menus larcins lucratifs que s'enracine durablement l'addiction à l'argent facile, dont il deviendra difficile de se désaccoutumer, comme pour toute addiction.

C'est quelques mois après mes quatorze ans, de retour de mon année passée à la campagne auprès de mon oncle et ma tante, que les événements de ma chute s'accélèrent. Lors de l'une de mes premières nuits à traîner dehors, un soir que nous marchions sur le trottoir le long duquel étaient garées des voitures, par jeu, je me mets à appuyer sur tous les boutons de poignée de porte pour voir si elles sont ouvertes. Quand l'une d'entre elles s'ouvre, à notre grand étonnement. Surpris, nous nous éloignons en accélérant le pas, de peur que quelqu'un nous ayant vu ne survienne. Voyant que rien ne se passe, nous nous arrêtons. La porte de la voiture est grande ouverte. Nous nous regardons intensément, nous interrogeant d'un regard qui signifie : « Qu'est-ce qu'on fait ? » Puis l'un d'entre

[19] SŒUR EMMANUELLE, *Richesse de la pauvreté*, J'ai lu, 2001.

nous lance : « On y va, maintenant qu'elle est ouverte. » Nous faisons demi-tour. Arrivés à la voiture celui qui prit la décision de saisir l'opportunité qui s'offrait à nous, s'engouffre dans le véhicule en nous indiquant de faire le guet le temps qu'il en fouille l'intérieur. Je ne me souviens plus s'il est ressorti avec quelque chose, mais ce qui est sûr, c'est que la boîte de pandore venait de s'ouvrir un peu plus. Nous repartons, et forts de cette expérience forgeant notre apprentissage, nous continuons d'essayer d'ouvrir les portes des voitures qui se présentent à nous. Afin d'optimiser les chances de réussite, l'un de nous marche sur la route pour vérifier l'état des portières côté conducteur. A cette époque la fermeture des portières n'était pas centralisée. Il fallait donc que le conducteur, avant de sortir, s'assure qu'elles étaient bien toutes verrouillées, « bitoniau » vers le bas, ce que certains omettaient. Nous nous aperçûmes rapidement qu'une voiture sur dix, à peu près, restait ouverte par inadvertance.

Lorsque vient mon tour de pénétrer dans l'habitacle d'une voiture dont la portière vient de s'ouvrir à moi, mon cœur s'accélère brusquement à m'en couper le souffle. Il faut pourtant que je ne montre rien de la panique qui commence à s'emparer de moi, il n'est pas de bon ton de montrer sa peur à la cité. Je plonge dans la voiture plus pour masquer mon appréhension que pour le plaisir d'y découvrir quelque chose de monnayable. A l'intérieur, tout mon corps appelle à ce que je sorte, il sait que ce que je fais est mal et me le signifie en me tourmentant. L'angoisse grandissante paralyse ma transmission cérébrale bloquant toute réflexion. J'étouffe en ayant le sentiment oppressant de couler au fond d'une piscine après y avoir été jeté pieds et mains liés. Il n'y a plus qu'une seule chose qui m'importe, sortir et reprendre ma respiration, peu importe que cela soit les mains vides. Une fois que je suis sorti, Alberto me lance interrogatif : « Alors ? », je lui réponds : « Y avait rien » sans aucun souvenir de ce qu'il pouvait y avoir à l'intérieur. Une partie en moi refusait cette intrusion, comme si l'âme du propriétaire était là, m'ordonnant de sortir, que je n'avais rien à faire dans son véhicule. Si avec le temps, je suis parvenu à m'habituer, ce qui diminua mon stress, à chaque fois j'en ressortais avec une sensation désagréable collée au corps, dont il me fallait plusieurs heures pour m'en débarrasser.

Nous nous sommes aperçus très vite que ce mode opérationnel était fastidieux et peu rémunérateur. Nous ne trouvions que rarement des objets intéressants qui pouvaient être revendus. Dorénavant, il fallait que nous puissions pénétrer les véhicules susceptibles de nous intéresser, notamment ceux équipés d'autoradio et d'enceintes très prisés à la revente. La méthode la plus efficace et la plus rapide était donc de casser une vitre. Pour cela, il suffisait de se munir d'éclats de faïence de bougies de voiture, qui se révélaient très efficaces. Ainsi, plus aucune voiture garée sur la voie publique ne nous était inaccessible. Ensuite les cambriolages pour certains de mes copains d'alors, car pour moi, là, je m'y refusais. C'était trop. Je ne me voyais absolument pas entrer par effraction dans une maison et prendre le risque d'être dans l'obligation d'agresser son propriétaire. J'avais mes limites. Lorsqu'un coup se fomentait, je m'arrangeais pour ne pas en être. Et lorsque l'un de nous décidait, sans aucune préméditation lors d'une de nos balades anodines, de se faire un « pav.[20] », n'ayant pas d'autres alternatives, je me cantonnais à rester dehors pour faire le guet. En cas d'arrestation cela n'aurait rien changé à mon sort. Car aux yeux de la justice, le guetteur est tout aussi punissable que le cambrioleur, tout comme le receleur qui rachète les marchandises volées. Mais pour moi, la différence était nette et importante. Nous nous sommes mis aussi à visiter

[20] Pavillon.

les entreprises. Pour celles-ci, je ne ressentais pas cette gêne de violer l'intimité d'individus et ne m'empêchais donc pas d'y participer. Ce fut ensuite le vol de voitures lorsque nous avions besoin de nous déplacer. Comme je le précise dans l'introduction je ne m'étalerai pas sur les modes opérationnels de ces fric-frac inconvenants, là n'est pas le but de ce livre. J'assume ce que j'ai fait en ces temps qui me sont lointains mais n'en tire aucune gloire, bien conscient du tort que nous causions. Cela réveille juste de la tristesse de ces dérives malsaines ayant causé chagrin, peine et souffrance aux victimes de ces effractions, auprès desquelles, symboliquement, je tiens à m'excuser pour le préjudice occasionné.

Les plus « cramés[21] » d'entre nous n'avaient que peu de limites, ils en devenaient même dangereux et je me méfiais d'eux. Ils étaient comme de la nitroglycérine, très instables, imprévisibles. Un mot de trop, provoquant un choc émotif, pouvait les faire dégoupiller, devenir ultra-violents. Francky était de ceux-là. C'était un écorché vif. Sa souffrance le rendait mauvais, même pour nous. J'évitais au maximum les virées que nous faisions lorsqu'il en faisait partie. Francky ne pouvait s'empêcher de chercher les « merdes ». Quand cela se passait bien, il faisait tout pour que cela tourne au vinaigre. Bravade envers la police, provocation de bandes rivales lorsque nous étions sur Paris. Lorsqu'il voulait être sûr de les exciter afin de les inciter à en découdre avec nous, il avait une technique imparable. Il baissait son pantalon, leur montrait son sexe tout en leur criant de quelle manière il l'aurait utilisé s'il s'était retrouvé seul avec leur mère ou bien avec leurs sœurs. Un jour que nous étions gare du nord, en attente d'un R.E.R pour qu'il nous ramène sur notre territoire, nous discutions tranquillement. Deux quais plus loin, une bande arrive et commence à nous

---

[21] Expression de la cité désignant ceux qui n'ont plus rien à perdre et qui se comportent de manière insouciante et extrêmement agressive.

« chouffer[22] » avec insistance, ce qui a pour conséquence de « chauffer[23] » Francky qui ne supporte pas d'être provoqué sans pouvoir répondre. Il commence à marmonner des mots doux pour leur maman sans que cela ne porte à leurs oreilles. Je commence à espérer que le train arrive au plus vite car je sens qu'il n'y en plus pour longtemps avant que ça ne parte « en live ». L'un des gars de la bande nous fait un doigt d'honneur. Un autre surenchérit, vraisemblablement leur Francky à eux. Il place ses bras devant lui et simule de tenir un corps penché en avant entre ses mains tout en se mettant à mimer un va et vient du bassin derrière ce corps imaginaire. Nous signifiant, ainsi sans ambigüité par ce mime obscène, ce qu'il ferait avec nous. Il n'en faut pas plus pour faire disjoncter Francky : il leur fait sa spéciale, uniquement réservée pour les grandes occasions. Il baisse son pantalon et leur hurle les commentaires qui accompagnent habituellement son geste. J'ai encore l'espoir que l'on en reste au stade des provocations et des insultes, pensant être à l'abri par les voies qui nous séparent d'eux. C'était sans compter sur l'agacement très prononcé des gars et leur motivation sans équivoque possible de mettre en pratique ce que leur pote mimait quelques secondes auparavant. Ils sautent sur les voies puis se mettent à courir vers nous. A l'expression de leur visage et à entendre leurs cris, ils ne se déplacent pas pour venir chercher des excuses. On est cinq, ils ne sont pas loin d'être une vingtaine. Sans aucune concertation, à la vue du nombre qui nous est largement supérieur, nous décampons, non sans que Francky, prenne encore le temps de leur faire un dernier au revoir par un amical bras d'honneur et une dernière pensée pour leur génitrice. Nous avions l'habitude de ce genre de cavalcade, une sorte de jeu du chat et de la souris. Sauf que dans ce cas, le chat ne

[22] Détournement du mot arabe *Chouf* qui signifie regarde.
[23] D'énerver.

va pas au coin compter pour te laisser le temps de te cacher. Là, c'était vraiment « chaud[24] », les gars étaient nombreux et très remontés. L'adrénaline était à son comble, une chute, une entorse et cela pouvait être la mort. Nous aspergeons de gaz lacrymogène le couloir dans lequel nous nous sommes engouffrés afin de ralentir leur progression. Nous appliquons cette histoire indienne qui raconte : « Si tu es dans la forêt avec tes amis et que vous êtes poursuivis par un ours, le but n'est pas de courir plus vite que l'ours mais plus vite que tes amis », nous expérimentions parfaitement la triste réalité de cette sagesse. Arrivés dehors nous nous séparons pour partir dans différentes directions, comme nous en avons pris l'habitude lorsque nous sommes poursuivis. Ce qui a pour effet de désorienter nos poursuivants qui décrochent ; eux n'étant pas animés d'un instinct de survie. Nous nous retrouvons quelques heures après à la cité pour rigoler de cet épisode qui aurait pu tourner au drame. Ce genre d'instants, nous en faisions le piment de notre vie. Cela nous rappelait que nous étions vivants. A défaut de pouvoir flirter avec une fille, nous aimions flirter avec la mort. Un shoot pour pas cher. Frisson assuré. Car je l'avoue, après coup, c'était jouissif.

Il m'arrive encore de me réveiller en panique, à la suite d'un cauchemar angoissant, où je suis pourchassé par une bande de lascars qui en veulent à ma peau. Je me vois pénétrer avec angoisse une cité qui m'est inconnue, tout en mesurant le danger que j'encours. Puis, je suis repéré par des gars qui me prennent en chasse pour me corriger de cet outrage. Je me mets à courir, éperdu et affolé dans des rues que je ne connais pas, la peur vissée au ventre dans l'espoir de leur échapper. Le réveil m'est à chaque fois pénible et me laisse désorienté, ne trouvant plus rien de jouissif à ce jeu périlleux avec la mort.

---

[24] Dangereux, risqué.

Un soir, réunis au pied d'un mur, nous entendons les pompiers arriver, suivis de la police. Ils s'arrêtent quelques cages d'escaliers plus loin. Nous avons l'habitude de ce genre d'intervention. Bien souvent, c'est pour un mari qui a tabassé sa femme, pour ramasser un junky[25] qui a fait une O.D.[26] dans la cave, un soulard qui menace par la fenêtre de son appartement de tuer tout le monde ou que sais-je encore ? Cela n'interrompt pas notre conversation, nous finirons par savoir le pourquoi de ce remue-ménage. Nous constatons juste qu'ils se sont arrêtés devant le hall de chez Francky. Vingt minutes plus tard, Malik arrive vers nous la mine grave, et nous balance : « Francky vient de poignarder son père ! » Descente express aux abîmes pour lui. Il était bien bas, il continue de faire le choix de descendre encore plus bas. Comment se relever de cet acte ? Ultime cri de désespoir. Je ne connaîtrai jamais la réponse, mais je sais que je n'aurais pas aimé devoir en chercher une pour moi. Ça glace l'atmosphère. Je sens que tout le monde est affecté par la nouvelle. Pas un mot. Car même si Francky n'est pas le plus apprécié d'entre nous, il fait partie de la famille, c'est notre frère de galère. Nous comprenons son geste. Nous savions que son père était violent avec lui depuis qu'il était tout petit, et lorsqu'il revenait avec des cocards, il répétait souvent qu'il le planterait un jour. Cette fois-ci, malheureusement, il a tenu parole Francky, car on ne peut pas dire que c'était son fort, de tenir parole. Il aura attendu d'être aux portes de ses seize ans, pour accomplir sa prophétie. Des parents en détresse sombrant et qui entraînent leurs enfants dans leur chute. Je mesure toute la chance d'avoir pu maîtriser, quand celle-ci se manifestait en moi, cette pulsion rageuse, ravageuse, d'attenter à la vie de ma mère. Je sais que je ne m'en serais jamais remis. Chaque fois, l'instinct de survie aura été plus fort que

[25] Ou junkie, nom donné à ceux qui se droguent à l'héroïne.
[26] Abréviation d'overdose.

l'envie de passer à l'acte. La haine de Francky était trop grande, elle l'aura submergé pour finir par l'engloutir. Lorsque nous le retrouvons après cette tragédie, nous n'avons même pas abordé le sujet. Trop sensible.

Sorti de la cité, la dernière nouvelle que j'aurai de lui, sera qu'il était tombé pour une longue peine à la suite d'un gros braquage à main armée. Pour une énième incarcération contribuant à entretenir sa réputation de « Bad-boy ».

Dernièrement nous apprenons que Martin, un attardé mental parti se balader sur Paris avec un copain, s'est fait violer par deux pervers. Ils ont profité de sa faiblesse psychique, pour l'emmener dans un cinéma X miteux, du quartier Strasbourg-Saint-Denis, haut lieu de la prostitution parisienne, pour abuser de lui dans les toilettes. Il était sympa Martin, nous rigolions souvent de lui, mais dans sa bonté naïve, il ne s'en affectait pas. Après ce terrible événement, il ne sera plus jamais le même. Il finira par disparaître de la circulation sans que l'on sache vraiment ce qu'il est devenu. Nous n'avions pas de contact avec ses parents, seul un bruit circulant ramenait qu'il avait fini à l'asile. A la cité, il y avait quelques retardés mentaux, ils étaient tous drôles et nous rigolions de leurs âneries. De plus, ils nous rassuraient sur notre degré d'intelligence. En nous comparant à eux, nous pensions être savants. Puis il y avait Basile, lui, ne faisait rire personne. La rumeur circulait que lorsqu'il était petit, sa mère lui mettait du rhum dans son biberon pour ne pas l'entendre pleurer. Carlos qui vivait dans le même escalier que lui, disait que ce n'était pas possible, que sa mère aurait préféré l'assommer à coup de balai, que de se priver d'une rasade. L'humour noir allait bon train à la cité. J'ai d'ailleurs gardé une affection toute particulière pour ce genre d'humour. Nous rigolions beaucoup de notre condition. Certainement une façon de la fuir en dédramatisant. Il est vrai qu'elle ne sortait pas souvent de chez elle la mère de Basile, mais je ne l'ai jamais vue dans un état normal. Toute la famille était spéciale chez les Bankal, son frère et sa sœur avaient également un retard de développement cognitif mais ils n'étaient pas méchants. On se demandait tous ce qui pouvait bien se passer chez eux, mais jamais personne n'a posé la question à Basile. En fin de mois, lorsqu'il n'y avait plus assez d'argent, son père lui donnait cinquante francs pour aller faire les courses. Avec cet argent, il devait ramener une bouteille de Ricard, une de vin puis avec le reste de monnaie, à manger pour lui, son frère et sa sœur. L'alcool déduit de la somme, il ne restait que très peu pour acheter la nourriture. Basile venait donc nous voir, pour nous demander de venir avec lui faire diversion, afin de détourner l'attention du vigile pour qu'il puisse se rendre au rayon liquide, dans le but de voler la bouteille de Ricard. De cette manière, il pouvait acheter suffisamment de nourriture pour qu'ils mangent à leur faim. Basile, dans ce cas, ne volait pas par plaisir mais pour se nourrir, comme d'autres pouvaient le faire d'ailleurs. Triste réalité de la cité, où la misère, sans aucune miséricorde, vous saute à la gorge sans prévenir, pour vous enserrer de ses ignobles serres acérées d'indifférence. Venant répandre sur nous son odeur pestilentielle outrageante, s'imprégnant jusqu'à notre âme, contribuant à gonfler notre haine de ce monde d'injustice. Là encore je n'en voulais pas aux parents de Basile, mais à la société qui tolérait ça sous ses fenêtres. Que faisait-elle, la république, pour nous ses enfants ? Qu'il était difficile de ravaler cette étouffante indignation…

Basile était un loup solitaire, il ne traînait que rarement avec nous. Et c'est tant mieux car il était très imprévisible. Je me méfiais de son caractère brutal et très versatile. La spécialité de Basile était de dépouiller les mecs avec un tire-bouchon. Un jour que nous rentrions d'une sortie, nous étions assis dans le bus et discutions. Tout d'un coup, sans prévenir, Basile se lève pour se diriger vers un gars un peu plus âgé que nous, assis seul deux fauteuils plus loin. Arrivé à sa hauteur, Basile lui coince la tête sur la vitre, en appuyant son avant-bras au niveau de son cou. Puis, de son autre main, lui plante la pointe du tire-bouchon sur la tempe tout en lui disant d'un ton menaçant : « Si tu bouges je te l'enfonce dans la tête, je tourne et je te sors la cervelle. » Résultat garanti, le gars reste figé comme une statue de marbre. Basile, le visage transformé par une fureur froide et résolue, lui intime l'ordre de sortir tout ce qu'il a sur lui, notamment son walkman. Sa razzia terminée, il revient s'asseoir à côté de nous, se remet à parler, à rigoler comme si de rien n'était. Basile avait cette dangereuse faculté de basculer d'un état à l'autre en un claquement de doigt, un vrai psychopathe. Je regardais en direction du gars, il était cadavérique. Je n'en montrais rien bien sûr, mais j'étais moi-même au fond choqué par ce qui venait de se dérouler sous mes yeux. Ce genre d'événement brutal, contribua à verrouiller mes émotions. Ne surtout rien montrer de mon émoi face à ce qui m'horrifiait. Même si le gars s'en sortit sans égratignures, la scène n'en était pas pour autant non-violente. Voir un être en terroriser à ce point un autre, avec une telle indifférence de sa personne était profondément choquant pour moi. Les mœurs de la cité pouvaient m'épouvanter par moments. Ce déni de l'individu pouvant même être traumatisant, attisant encore plus de violence en soi pour s'en défendre.

Basile n'était pas très grand, il avait des cheveux blonds hirsutes, à se demander s'il y avait un peigne et un miroir chez lui. Il portait des lunettes en fil de fer, tarif remboursement de sécu, avec des verres épais comme des tessons de bouteille, fringué à faire se tordre de rire un clodo. C'est tout ça qui rendait Basile encore plus dangereux aux yeux des autres, on ne se méfiait pas de lui. Pire, ceux qui étaient extérieurs à la cité et ne connaissaient pas sa réputation, le prenaient pour un

« bouffon ». Certains se sont essayés à le dépouiller, ils s'en sont mordu les doigts. Un gars qui l'avait vu à l'œuvre, nous raconta qu'il avait laissé le mec pour mort après avoir terminé de le frapper. Basile a fini par tomber dans la « dope[27] » et a été une des premières victimes du sida. Une contamination vraisemblablement due à l'échange d'une seringue mal nettoyée. Comme d'autres à la cité, la disparition du bruissement de son passage de damné sur terre, fut à peine remarquée. Oublié, parmi les oubliés que nous étions…

Je n'avais pas peur de la bagarre lorsque qu'elle se présentait à nous. De toute façon dans ces cas-là, bien souvent, je n'avais pas le choix, mais je préférais, lorsque cela était possible, l'éviter. Pour les gars qui voulaient en découdre, mieux valait leur prouver que cela ne nous effrayait pas. J'ai constaté que dans la majeure partie des cas, le simple fait de voir ma détermination faisait que le gars n'insistait pas. Quelques mois après mon retour du service militaire, nous sommes allés voir un France-Australie de rugby avec un copain. Nous nous sommes rctrouvés dans un pub où se trouvaient également des Australiens. Je sympathisais avec l'un d'eux qui parlait Français pour finir par lui acheter le maillot de son équipe qui me plaisait. Il m'en fit presque cadeau. Content de l'affaire, je l'entourais autour de ma taille. La soirée continue, quand tout à coup je sens que l'on me pousse dans le dos d'une manière assez brutale. Je me tourne, déjà assez énervé de cette bousculade, m'attendant à ce que la personne qui en est responsable s'excuse. Je me retrouve devant un gars plus imposant que moi, qui pointe son index sur ma poitrine et, tout en me poussant me dit d'un ton méprisant : « Toi, t'es un traître ! » A ce moment, je n'en suis même plus au stade où la moutarde me monte au nez. Sur notre droite, entre lui et moi, se trouve une poutre

[27] L'héroïne.

en bois qui sert à soutenir le plafond, je me vois déjà lui attraper les cheveux qui lui tombent sur la nuque pour lui écraser la tête dessus. Je suis au seuil de voir rouge, déjà habité par un désir de le tuer. Son salut, il le doit au fait que nous soyons dans un pub, dehors nous serions déjà en train d'en découdre et vu mon état d'énervement, mieux aurait valu qu'il soit préparé. Comme chaque fois que je l'ai pu, j'envoie donc un premier coup de semonce, afin de l'avertir que je ne rigole pas, mais alors pas du tout. Je me plante devant lui, le fixe dans les yeux et d'un regard qui doit sûrement en dire long sur le degré de mon bouillonnement intérieur, lui plante cette phrase sortie tout droit de mes entrailles : « Si tu me touches encore une fois, je t'explose la tête sur le poteau ! » Grand silence. Puis le gars sourit, et me lâche d'un ton beaucoup plus amical : « Naaan ! Je déconne. Je les aime bien aussi les Australiens. » Je lui réponds toujours aussi glacial : « Moi pas. C'est l'orange que j'aime ![28] » Et me rassois en tentant de recouvrer un semblant de calme. Il faut croire que je fus suffisamment persuasif. De toutes les façons, il n'y avait pour moi aucun doute à ce moment-là, je l'aurais fait. Au moindre geste qu'il aurait esquissé, hormis ce sourire benêt, il embrassait le poteau. Tout comme Basile, j'avais cette faculté de basculer très rapidement d'un état de calme à celui de furie aux tendances meurtrières. Mais moi, c'était seulement lorsque je me sentais agressé. Dans ce cas, tous les verrous de la morale sautaient, et je devenais un autre. Le monstre prenait vie, ne souhaitant plus qu'une chose, sauter à la gorge de celui qui l'avait réveillé, pour se repaître de son sang. Ceux qui m'ont vu dans ces moments, m'ont dit que j'avais ce regard de tueur déterminé, qu'ils ne me reconnaissaient pas. Dieu merci, la vie a fait que je n'eus jamais à devoir en arriver à cette extrémité macabre.

[28] Couleur du maillot des Australiens.

Pour revenir au look de Basile, il est vrai qu'il existait un code vestimentaire pour les zonards que nous étions. Un code qui permettait de s'identifier, de se démarquer. « Le statut, la réputation, pour les filles comme pour les garçons, s'acquièrent à travers le regard des « pairs ». Pour ces derniers aussi, l'oppression de l'apparence est considérable. Comme dans d'autres milieux. Mais avec probablement moins d'échappatoires possibles pour ceux qui voudraient faire bande à part, au sens propre comme au sens figuré. La tenue « racaille » est une marque de virilité – qui sert à démontrer son hétérosexualité – et un uniforme – symbole de l'appartenance à la cité mais aussi, paradoxalement, à la société de consommation[29]. » Un uniforme, c'est cela, car nous étions bien des combattants guerroyant dans une lutte armée pour subsister. Menant leur guérilla contre la misère, bataillant pour survivre dans ce monde qui nous était hostile. La grande classe était de porter un survêtement Lacoste, Sergio Tacchini ou bien Ellesse. Adidas était considéré comme moins « stylé ». Aux pieds des baskets Adidas, Nike ou des mocassins Balligio. En hiver un cuir et un bonnet roulé pour les plus frileux. Oser se balader avec un survêtement Lacoste dans le 93 envoyait un double message. Un, que vous magouilliez, car pour acheter ce genre de marque, ce n'était pas le salaire de nos parents qui pouvait le permettre. Deux, que vous étiez assez hargneux pour pouvoir le défendre, car sans quoi vous ne le gardiez pas longtemps votre survêt. Si vous saviez faire la tête des mauvais jours cela tenait éloignés d'éventuels agresseurs. Mais cela pouvait tout aussi bien vous attirer des ennuis si vous tombiez sur un groupe de trois ou quatre canailles. Il se pouvait alors, qu'ils désirent votre « uniforme » et tentent leur chance. Dans ce cas, tout l'art était de paraître suffisamment méchant et intimidant pour parvenir à les

[29] LUC BRONNER, *la Loi du ghetto*, Calmann-Lévy, 2010.

dissuader, de venir faire leurs emplettes sur vous à moindres frais. C'est pour cela qu'il fallait faire passer le message qu'il allait leur en coûter s'ils leur prenaient l'envie de s'approcher. Comme ces animaux qui se gonflent, deviennent tout rouges pour impressionner leurs assaillants, dans le but d'intimider leur prédateur. Ce qui marche pour les animaux fonctionne aussi pour les hommes. Après, il y avait ceux qui se baladaient avec un survêtement modèle Lapinou (c'est comme ça que l'on appelait les survêtements sans marque). Ils ne risquaient pas qu'on le leur pique, mais ils passaient pour des « bouffons » et les gars, alors, n'hésitaient pas à venir les emmerder, les dépouiller car ils savaient qu'ils ne craignaient rien. Sauf s'ils tombaient sur Basile.

C'est pour cela, quand nous étions peu nombreux, dès que nous sortions du périmètre de notre zone d'influence, qu'il fallait être sur ses gardes pour ne pas se faire surprendre. Et lorsque nous étions nombreux, c'était alors aux autres d'être sur leurs gardes. La règle était simple : plus nous nous éloignions de notre lieu de base, plus le risque d'avoir des problèmes grossissait. Nous avions toute une liste d'endroits où nous savions qu'il valait mieux se rendre en nombre car ces lieux concentraient les bandes venues d'autres cités, par leur attraction. Le cinéma, les grands centres commerciaux, notamment Rosny 2, les puces de Clignancourt, le bois de Vincennes pour aller voir des « runs[30] », le bois de Boulogne qui était le lieu dangereux par excellence. Des bandes y venaient des quatre coins d'Ile de France. Il n'était pas rare de lire dans les journaux qu'un mec s'était fait poignarder dans les sous-bois. Le lieu était vraiment malfamé et malsain pour plein de raisons, notamment pour la vente de drogue et pour sa prostitution. Parler de cet endroit me rappelle

---

[30] Rassemblement dans le but de tester la puissance de voitures, de motos. Départ arrêté sur une ligne droite. A la manière du film *la Fureur de vivre* avec James Dean.

qu'il est des événements vécus que j'aimerais sortis seulement d'un mauvais rêve.

Une nuit que nous y baguenaudions, je vois une jolie fille qui se prostituait et qui me plaît terriblement. Je m'en approche. Bien qu'elle ne parle pas le français nous nous mettons d'accord pour que je parte avec elle. Elle se dirige en direction du sous-bois, je la suis. Nous marchons dans la pénombre pour arriver dans une petite clairière. Là, elle s'arrête, sort de son sac un tapis qu'elle déroule pour le placer par terre, dans ce qui je comprends, deviendrait notre lit d'amour. Epris par le charme de cette fille, je n'ai pas imaginé en l'abordant, ce qu'aurait pu être la suite. Elle ouvre son chemisier, se colle contre moi dans une agréable simulation de tendresse tout en prenant ma main pour la poser sur sa poitrine. Elle a la peau douce et délicate. Bien que j'en aie très envie, ce n'est pas comme cela que je désire partager ce moment avec elle, ni de cette manière. C'est d'un glauque qui me soulève le cœur. Je commence donc à la repousser gentiment tout en lui disant : « Non, merci... », et m'apprête à partir. Bien que ce ne soit pas le cas, je ne sais pas si elle pense devoir être obligée de me rembourser ou bien si, du fait de son éducation, elle ne se voit pas accepter l'argent sans m'offrir une contrepartie, mais elle me retient. Me parle, sans que je comprenne, d'une voix qui se veut tout aussi suppliante que charmeuse. Elle m'embrasse comme pour me signifier qu'elle me veut, qu'elle est consentante. Je finis par me laisser aller au sol comme elle le désire.

Cette fille, malgré sa condition est saisissante de beauté, d'une douceur sensible, d'une grâce latino-orientale étourdissante qui ne m'a jamais laissé indifférent. J'étais sous le charme, captif de son regard mélancolique et ténébreux, parvenant même à en oublier les conditions de cette idylle sévèrement tronquée. Rencontrée dans une autre circonstance, j'aurais sans hésitation pu faire un bout de chemin à ses côtés.

Malgré quelques difficultés, je parviens à conclure l'acte dans une jouissance plus poussive que jouissive. Nous nous relevons pour nous rhabiller. Puis elle se baisse pour rouler son tapis qu'elle porte telle une croix, pour une pénitence qu'elle ne mérite pas, très certainement. Elle le remet dans son sac et s'apprête à retourner à l'orée du bois, sous le halo de l'éclairage d'un réverbère qui met en lumière, la sublime vérité de sa beauté angélique. Je ne peux m'empêcher de lui demander son prénom. Dolores est tout aussi jeune que moi et doit avoir vingt, vingt-deux ans tout au plus. Même si ça n'a pas été l'étreinte la plus mémorable que j'ai eu à vivre, je n'ai jamais oublié cet échange convenu avec cette fille du bout du monde qui s'est abandonnée dans les bras d'un inconnu, pour des raisons que je préfère ne pas connaître. Je l'ai quittée dans un dernier regard me poignardant le cœur. Un regard évoquant que je pouvais être un bon garçon. Non, je n'étais pas un bon garçon. J'étais un salaud comme les autres. Puis je suis parti, la laissant là, à sa désespérance, près de ce lampadaire assurément pas assez solide pour soutenir toute sa détresse, à laquelle j'avais contribué.

Quelques jours plus tard, chez ma tante, je tombe sur un article dans un journal qui parle d'une nouvelle prostitution qui s'installe à Paris, notamment au Bois de Boulogne. Des jeunes filles originaires d'Amérique centrale, obligées de se prostituer. Les plus récalcitrantes frappées par des hommes sans scrupules, qui leur avaient laissé espérer l'eldorado en arrivant sur le vieux continent. Leur faisant croire à un travail honnête qui pourrait les sortir de leur pauvreté, ainsi que leurs proches. Je repense à Dolores, la nouvelle me peine profondément. Je n'ose imaginer l'enfer qui doit être le sien. Je me mets à rêver la retrouver, la sortir de ce guêpier puis l'aider à retrouver les siens. Ce phantasme chevaleresque ne resta qu'un rêve fou. J'ai pris conscience ce jour-là, d'une misère extérieure à celle de notre cité, peuplée d'individus au moins tout aussi sordides que ceux que j'avais pu croiser jusque-là. Sans aucune commisération pour leurs semblables. Dans une condescendance narcissique, j'ai abusé de cette misère importée par la force. J'ai juré, que je ne retournerais plus jamais avec une prostituée pour monnayer de « l'amour ». Je valais mieux que ça et je ne pouvais me résoudre à cautionner cet esclavage abject pour assouvir mes pulsions, pleines de concupiscence.

A la cité j'avais bien connu des cas de filles perdues, tout comme nous en manque d'Amour, venant à mélanger le sentiment, et l'acte de faire l'amour. Leur confusion les amenant à se laisser aller à descendre à la cave avec les garçons. Nous avions aménagé une cave, pour les jours de mauvais temps, avec des fauteuils, des chaises de récupération. Il y avait aussi un matelas. C'est sur celui-ci que la fille qui décidait de s'abandonner à ses espoirs mutilés de trouver l'Amour, finissait. Quand une fille s'approchait du groupe, nous connaissions ses intentions par avance. Lorsque les garçons commençaient à la chahuter en ayant les mains de plus en plus baladeuses, celle-ci leur demandait d'arrêter se plaignant que l'on pouvait les voir. Les garçons, dans leur grande bonté, lui proposaient donc de descendre à la cave, comme ça plus personne ne pourrait voir et sa réputation serait sauve. Sa réputation était de toute façon déjà établie. Il fallait avoir une grande insouciance ou bien être très courageuse pour assumer le statut de fille facile à la cité. Certaines s'y sont noyées. La confusion était grande pour ces filles qui venaient perdre leur innocence. Elles pensaient se grandir, elles annihilaient leurs espérances de devenir femme. Je ne suis jamais descendu à la cave lorsqu'une fille s'y laissait engloutir. Et les fois où je m'y trouvais et qu'un copain arrivait avec l'une d'elles, je m'éclipsais furtivement avant que ne débutent les familiarités, car je me doutais bien qu'elle n'était pas descendue pour une partie de dames. Je ne tenais pas à participer à cet acte licencieux, ni même à regarder ce que je trouvais dépravant pour celles qui s'y abandonnaient et pour ceux qui se prêtaient à ce jeu sans aucune pudeur. Même si mes copains étaient tout fiers de « niquer », je ressentais au fond de moi que ce n'était pas comme cela que l'on devenait un homme. Eux le croyaient. Je parvenais à leur cacher mon dégoût en mettant en avant un excès de timidité. J'étais perçu comme quelqu'un de réservé à la cité. Le prix à payer était de devoir encaisser quelques moqueries sur ce sujet lorsque venait mon tour d'être chambré. C'était bien peu au regard de ce qu'aurait été pour moi de vivre cette promiscuité profanatrice de mon être. J'avais une bien plus haute perception de ce que pouvait être ce moment de communion que je sacralisais au fond de moi. J'ai pu le vivre quelques années plus tard, à l'aube de mes vingt ans avec une fille que j'avais choisie, désireuse de le partager avec moi, dans une chambre parfumée, aux draps propres et soyeux. En nous accordant le temps qu'il fallait pour ça, pour que cet instant unique, de la première fois, reste magique. Même si je traînais encore avec mes anciennes connaissances, je n'habitais plus la cité. Je pouvais donc commencer à m'émanciper de ses codes imposés et tordus. Pour enfin vivre une relation amoureuse pleinement consentie avec une jeune fille. Découvrir ainsi l'excitation, les plaisirs d'une amourette enflammée. Débuter avec envie cette grande expédition pour cheminer à la rencontre, à la découverte du sexe opposé. De cette autre moitié mystérieuse. Terre sauvage, inconnue et envoûtante pour l'homme qui naissait en moi.

Je n'étais pas spécialement attaché à mon pucelage mais plutôt à la façon dont je le perdrais. Désireux de le perdre, oui, sans pour autant me perdre avec lui. A la cité, il ne pouvait y avoir de l'amour, il n'y avait que du sexe, dissimulé derrière le terme trompeur de « faire l'amour». L'Amour avec un grand A, nous ne savions pas ce que c'était, tout ce qu'il pouvait recéler, révéler. A la cité, l'affection, la tendresse, la douceur n'ont pas leur place. Seules la colère, la brutalité, l'agressivité occupaient le pavé, reconnues comme valeurs, signe de virilité donc d'hétérosexualité. Voilà un des plus grands paradoxes que la cité pouvait véhiculer. Pas possible de se promener main dans la main avec une fille, d'être amoureux sans prendre le risque de se voir traiter de pédé. Effarant d'absurdité. Le statut de pédé, tout comme celui de bouffon, était vigoureusement déconseillé. Il fallait donc s'en démarquer en se comportant de manière opposée aux valeurs qui étaient attribuées à la gent féminine, perçues comme faiblesses. Ma souffrance sera grande de ne pouvoir exprimer mes émotions d'Amour. Pas un mot, pas un geste de tendresse qui ne soient autorisés. Pourtant nous en manquions terriblement. Ne rien laisser transparaître, ne pas laisser apparaître la pureté de son être. Séquestrer, enchaîner, bâillonner ses élans de douceur, de bienveillance, d'humanité pour les autres. Sous peine d'être taxé de « tafiole », de « tarlouze ». Impossible même de se confier. Trop risqué de laisser entrevoir une âme sensible dans l'armure de dur que nous nous forgions au fil du temps. Je n'ai jamais osé ou bien eu suffisamment confiance dans un copain pour partager avec lui : « Ça doit être bon d'embrasser une fille tendrement, de planter ses yeux dans les siens pour fixer cet instant d'éternité. Et toi qu'en penses-tu ? » Je n'ai jamais marché main dans la main avec une petite amie en parlant des lendemains qui seront sans lendemain. Je ne me suis jamais bécoté, avec une fille, « sur les bancs publics en me foutant pas mal du regard oblique des passants honnêtes[31]. » Je n'ai jamais flirté innocemment, éveillant les premiers émois grisants du désir de s'unir. Encore maintenant, lorsque je croise un jeune couple inexpérimenté, échanger leurs premiers baisers maladroits, mais débordants d'envie, je ressens un

[31] Georges Brassens, « Les amoureux des bancs publics. »

petit pincement de ce manque jamais comblé de la fraîcheur de cette adolescence perdue. De la naïveté de ces moments de découverte célestes. Et, avec une pointe de tristesse qui naît en moi, je ne peux m'empêcher de les regarder affectueusement, leur enviant ce bourgeon de tendresse partagée. La cité m'a volé une partie de mon adolescence, indubitablement la plus belle.

Un soir, nous partons avec Djamel rejoindre des potes au Kebab situé en centre-ville. Nous marchons dans une rue mal éclairée à cause de travaux pour la construction de nouveaux logements. Nous parlons de choses sans importance, salivant par avance du sandwich merguez-frites qui nous attend. N'étant pas loin de la cité, nous sentant donc en sécurité nous n'imaginons pas un instant ce qui va survenir. Nous musardons sans méfiance et ne portons aucune attention aux deux gars qui s'avancent dans notre direction, notre vigilance est au plus bas. Arrivé à notre hauteur, l'un des deux sort brusquement la main de la poche de son blouson pour en sortir un pistolet tout en hurlant : « Bougez pas bande de bâtards ! » Il tient son arme tendue à bout de bras dans notre direction et rajoute : « Donnez tout ce que vous avez sur vous ou je vous fume les pédés !!! » Djamel commence à s'exciter et lui balance des menaces bien que nous soyons en joue, le gars, d'un ton nerveux, lui dit de fermer sa gueule s'il veut continuer à jouer aux billes. Fort de son artillerie, il se veut humiliant et jouit de sa position favorable. Son pote qui l'accompagne complète la menace en ajoutant : « Fais pas le malin, il va te plomber. C'est un cramé lui ! » Pour ma part je suis surpris, énervé de son arrogance injurieuse, mais je ne ressens pas la peur. Je reste là, sans bouger, à fixer le trou noir que dessine le bout du canon de son révolver pointé vers nous, comme hypnotisé. Je regarde ce sombre couloir d'où peut surgir à tout instant la mort. Ma vie est suspendue à la volonté de ce gars, elle ne tient plus qu'à un centimètre. Centimètre représenté par l'espace qui sépare son doigt sur la gâchette de celui qui déclencherait la libération du percuteur, s'il lui venait à l'idée de tirer son index vers lui. J'observe ce trou noir, fasciné par le fait que tout puisse s'arrêter dans l'instant. Il n'y a plus que ce trou noir et moi. La mort est au bout de ce canon, se tenant face à moi, froide comme ce soir d'hiver. Je ne l'avais jamais regardée les yeux dans les yeux. Je ne l'avais jamais sentie si proche jusqu'alors. Elle se présente à moi sans fioritures comme à son habitude, sans prévenir et pleine de fourberie comme souvent à la cité. Voilà, ça peut-être ton tour aujourd'hui, pensais-je. Et si c'était la solution ? Tant d'autres étaient déjà partis autour de nous.

Machinalement je fouille dans mes poches pour leur filer ce qu'ils demandent. Ils repartent avec quelques dizaines de francs, quelques grammes de shit, ma bombe lacrymogène, le couteau de Djamel ainsi que deux places pour un concert métal que nous avions trouvées dans une voiture et que nous cherchions à revendre. Ils s'éloignent tout excités de la réussite de leur opération coup de poing, sans oublier de nous balancer quelques insultes sur un ton jubilatoire. Djamel prêt à exploser leur lance un dernier avertissement leur rappelant qu'il valait mieux qu'ils ne traînent plus dans le quartier, qu'il saurait se les rappeler. Plus loin, nous les voyons monter dans une Golf noire, qui démarre en trombe tous feux éteints. C'est là que nous comprenons ce qui s'est passé, répondant par là même à notre interrogation sur comment ces deux « fils de p… » ont pu prendre le risque de s'approcher aussi près de la cité en étant à pied. Nous nous sommes souvenus que juste avant l'altercation, une voiture est passée près de nous sans que nous y prêtions vraiment attention. C'était une Golf noire. Ils nous ont repérés, se sont garés un peu plus loin, sont venus à notre rencontre pour venir gentiment nous cueillir et éviter ainsi que l'on puisse retenir le numéro de la plaque minéralogique. Non pas pour les dénoncer à la police mais dans l'espoir de les retrouver.

Mais l'histoire ne s'arrête pas là. Plusieurs mois après, nous sortons d'un concert, lorsque Djamel me donne un coup de coude. Puis d'un mouvement de tête, me montre une direction en me disant sur une intonation ravie, tout en appuyant bien sur chaque syllabe comme pour savourer la surprise qui se présente à nous : « Regarde qui c'est qu'est là ! » Je reconnais de suite le lascar qui s'est amusé de nous. Il est de nouveau en train d'officier à dépouiller un gars qu'il a serré contre un mur. Cette fois-ci, il opère à l'aide d'un cutter. Il est accompagné d'un acolyte qui fait le guet pour lui, mais qui n'est pas le même que le soir de notre rencontre. Ce qui a pour avantage qu'il ne peut nous reconnaître. Nous prévenons les copains qui nous accompagnent ce soir-là, et leur rappelons brièvement les faits. Ils n'ont pas oublié, eux non plus, et comptent bien lui faire payer son audace. C'est une évidence qui ne soulève pas même l'ombre d'une hésitation quant à la décision de lui faire sa fête. Nous nous mettons à marcher dans leur direction tout en feignant d'être occupés à autre chose. Arrivés à deux, trois mètres d'eux, nous nous mettons à courir pour les surprendre. Le gars qui surveille détale sans demander son reste, abandonnant son pote à son triste sort. Celui-ci se retourne en se demandant ce qui se passe. Il n'a pas le temps de se remettre de sa surprise qu'il est déjà au sol en train de se faire tabasser. Nous le rouons de coups tout en l'insultant. Nous ne sommes pas loin d'une dizaine ce soir-là, ce qui fait que lorsque les premiers arrêtent de le lyncher, ceux qui n'ont pu s'en approcher faute de place, continuent de le bastonner à leur tour. La correction terminée, le gars est bien esquinté et saigne abondamment. Nous lui prenons son cuir ainsi que ses chaussures pour bien l'humilier. Rentrer chez soi pieds nus n'est pas glorieux. Djamel encore plein de rage du souvenir du braquage que nous avons subi, s'agenouille à côté de lui pour lui expliquer rageusement le pourquoi de la raclée. En lui précisant bien d'où nous venons, sans oublier de lui rappeler fièrement qu'il l'avait prévenu qu'ils se retrouveraient. Francky, qui est de la partie, ne peut s'empêcher avant de partir, de lui proférer des douceurs dont il a le secret puis de lui asperger le visage avec une bombe lacrymogène gel. Celle-ci a la particularité de ne pas être en aérosol, mais de sortir sous forme de gel qui vient se coller sur le visage de la personne que vous visez. Le gars venait de payer chèrement son menu larcin commis quelques mois plus tôt. Je n'aurais pas aimé être à sa place. Il faut dire qu'il a joué de malchance car sans ce hasard, qui œuvra contre lui, nous n'avions aucune chance de le retrouver. Puis nous sommes repartis, satisfaits de cette vendetta qui rétablissait notre honneur. L'un de nous a gardé le cuir, nous nous sommes payé un kebab avec l'argent qu'il contenait, ses chaussures ont fini dans une poubelle.

Nos rapports avec la police étaient bien évidemment tendus. Les contrôles d'identité que nous subissions fréquemment étaient virils et peu soucieux de nous ménager. Ces contrôles étaient couramment le fait d'humiliations et d'injures provocantes, trop souvent racistes. Tout comme nous, les policiers ressentaient le besoin de marquer leur territoire et d'asseoir leur autorité. En agissant ainsi, ils entraient dans le jeu de la guerre de gang. De la même loi du plus fort qui pouvait sévir à la cité. On peut le comprendre, mais encore une fois par leurs actions une partie de ceux qui représentaient la société, ne nous renvoyait pas que nous étions des citoyens normaux. Ou tout du moins que nous pouvions le devenir. Ce qui alimentait notre animosité envers les « flics ». Même si je comprends aujourd'hui, tout comme pour nos professeurs, qu'il devait être pénible et usant pour la police d'exercer leur métier dans ces zones de misère. C'est plusieurs années après, en rencontrant des policiers que j'ai su qu'eux aussi n'étaient pas préparés à ce qu'ils allaient devoir vivre et endurer sur le terrain. Ces situations de conflits permanentes. Toute notre haine se cristallisait sur eux. Je comprends qu'en tant qu'humains il devait être difficile pour eux de vivre toute cette violence et ce profond sentiment de négation. Les conduisant à avoir peu de considération et de respect pour nous. Bien que je pense que leur devoir d'adultes et de citoyens aux services de la république aurait été de nous en montrer la voie. Mais, en tant qu'êtres humains, ils étaient des hommes, fragiles, sujets à leurs propres tourments intérieurs et sûrement susceptibles d'avoir peur, ce qui entraîne des comportements agressifs de protection.

J'ai donc traversé toute mon adolescence avec ce statut de délinquant. Baignant dans la violence, la peur, la méchanceté, l'indifférence au sort de l'autre, entouré d'autres délinquants plus ou moins dangereux. Je n'étais pas le chef de bande, je n'étais pas le pire mais suffisamment respecté pour ne pas être dévoré par mes congénères. La meute que nous formions ne tolérait pas la faiblesse ou du moins ce que nous pensions être faiblesse. Il fallait se montrer dur et insensible car certains l'étaient viscéralement. Sorti de la tanière, avec le recul des années, je pense avoir agi par mimétisme, par jeu au début, puis par instinct de survie plus que par véritable malveillance. Dans le pire, j'ai su faire en sorte de ne pas être le meilleur. Paraître pour ne pas disparaître afin d'apparaître. Car au fond de moi je sais que je n'aurais pas survécu en ayant un statut de victime expiatoire au cœur de la cité. J'ai fini par comprendre, que ceux qui sombraient dans les drogues dures, n'étaient pas les plus faibles comme nous le pensions, mais bien les plus sensibles. Un shoot pour changer de vie, un shoot pour ne pas voir ce monde pourri, un monde cannibale, féroce. Un shoot pour fuir une souffrance devenue insupportable. Un shoot en pensant à un monde meilleur pour finalement tomber de Charybde en Scylla. Ils pensaient fuir l'enfer de la cité, en cherchant leur paradis dans l'enfer de la drogue. C'est pourquoi je sais que dans la bande, trois ou quatre étaient vraiment mauvais, difficilement récupérables, trop abîmés par la vie. Les autres cherchaient seulement à s'intégrer à ce monde, y survivre en attendant des jours meilleurs qui, pour certains, ne sont jamais venus. Ce qui m'amena cette interrogation « Pourquoi m'en suis-je sorti et d'autres pas ? » Développant en moi le syndrome de Lazare[32].

Même si je vis avec des blessures ramenées de ce front de résistance urbaine, que des souvenirs douloureux aux images parfois choquantes hantent ma quiétude, la souffrance ne m'a pas avalé pour faire de moi un homme dur, froid, sans pitié, cruel, mais bien rendu plus sensible à la misère d'autrui. Elle a grandi ma compassion, soulevé ce désir de venir en aide aux faibles sans pour autant oublier les plus durs. Je sais, maintenant, que ce sont eux les plus faibles. La vie à la cité m'a appris cette antinomie : ce sont ceux qui sont les plus difficiles à aimer, qui ont le plus besoin d'Amour…

---

[32] Syndrome du survivant.

Misère humaine

Quand je dénonce la violence à la cité, il ne faut pas seulement s'imaginer des coups échangés, des bagarres entre bandes rivales, des coups de feu, des mots injurieux, des colères démesurées pleines de haine. Il y a des images perçues, des regards émis, des mots entendus, par la souffrance, l'affliction, la détresse qu'ils révèlent et qu'ils soulèvent en vous, qui peuvent faire bien plus mal qu'un coup de poing. La violence se montre dans ce lieu où j'ai grandi, sous de multiples facettes, divers aspects, pleines de traîtrises, de sournoiseries, de manières machiavéliques et révoltantes. Me laissant toujours un sentiment d'impuissance, qui me renvoyait à l'évidence que je ne pouvais que l'accepter, encaisser ses coups bas sans broncher. Il n'y avait qu'à serrer les dents et retenir ses larmes. Cette impuissance avivait encore plus de colère en moi, d'incompréhensions sur ce monde félon. D'interrogations sur le genre humain auquel j'appartiens. Multipliant les : « Pourquoi » sans réponse.

Un jour, Moussa, un copain dont les parents avaient déménagé dans une ville voisine, est venu nous rendre visite. Nostalgique qu'il était de ses anciens amis. Nous avons passé une bonne après-midi à nous remémorer les bons souvenirs, à rigoler de nos conneries passées. Le soir venu, vers dix-huit heures, Freddy lui propose de le raccompagner à moto, ce qu'il accepte. Nous n'avons plus jamais revu Freddy. Roulant sur un YZ, une moto de cross non-homologuée, à son retour, il a été pris en chasse par une voiture de police. Dans son désir de vouloir leur échapper, il s'est tué. Freddy était un manouche aux allures d'hidalgo, plein de vie, avec la gouaille qui caractérise les gens de son origine. Il n'avait que seize ans mais il était très mature pour son âge. Il était chambreur, frimeur, fanfaron, mais c'est ce qui le rendait sympathique. Freddy savait chambrer sans méchanceté, frimer sans arrogance, fanfaronner sans nier que nous n'en n'étions pas dupes. Il aimait faire le beau et s'en amusait délicieusement. Tout cela venait agrémenter son charme naturel de beau gosse qui ne laissait pas les filles insensibles, bien au contraire. On aurait dit que tout lui souriait à Freddy, d'ailleurs, il souriait tout le temps, il n'était pas méchant. Je ne l'ai jamais vu moribond, en colère ou bien abattu. La grande faucheuse venait de faire son choix, c'était son tour. L'absence de son sourire, de ses pantalonnades burlesques, laissa un grand vide. Je ressens toujours un manque de Freddy, parti sans nous dire au revoir. Ça c'est violent…

Un soir d'été où nous discutions assis sur un banc en fumant un pétard, un junky s'approche de nous en titubant. Par moments, de douleur, il se met des coups de poing dans le bras à l'endroit où il se pique. Il était en manque. Il n'avait pu réunir l'argent pour sa dose quotidienne, et avait très probablement épuisé son crédit auprès de son dealer pour que celui-ci, lui avance une dose. Il nous supplie de lui prêter de l'argent, jurant le beau diable qu'il nous rembourserait. Tout le monde savait que l'on ne pouvait pas faire confiance à un junky. Si vous lui prêtiez de l'argent vous ne le revoyiez plus. Leur souci exclusif était de savoir comment ils allaient trouver l'argent pour l'achat de leur dope, seule cette visée occupait leurs pensées. Rembourser une dette impliquait d'avoir beaucoup d'argent devant soi, la plupart fonctionnait au jour le jour. Et même si vous le menaciez de lui mettre une raclée, la douleur, la frousse du manque dépassait très largement celle d'une bastonnade. Le tableau qui se dessinait à nous était pitoyable, lamentable de détresse humaine. D'une humiliation extrême pour celui qui s'y perd. Les drogués étaient très mal vus à la cité, ayant la réputation d'être capables de tuer père et mère pour leur shoot journalier. C'est arrivé ! De plus, ils traînaient une image de scoumoune[33], de looser[34] qui les rendait encore plus antipathiques. Un junky n'avait pas d'amis sauf son dealer, tant qu'il avait assez d'argent pour le payer. Devant notre impassibilité dégoûtée et ignorante de son tourment, le gars nous propose ses services sexuels. Cette mendicité dégradante, a fini d'agacer Abdel, qui se lève du banc furibond, le poing levé, lui jetant avec férocité : « Dégage ! Ou je te défonce ta mère. » Le malheureux est reparti de la même façon qu'il nous était apparu. Courbé, se tenant l'avant-bras, l'allure chancelante, zigzaguant à chacun de ses pas pour aller de l'avant. Ne parvenant pas à donner un cap stable, équilibré à sa démarche de maudit. Dans sa fuite éperdue, d'une détresse inouïe, je vis là le reflet de sa vie. Pourtant ce jour-là, je n'ai rien fait pour lui venir en aide. La vision du regard suppliant de ce gars brisé, aux abois, aux portes de l'enfer. Torturé qu'il était, par la douleur de son corps lui réclamant sa dose de poison, ne s'est pas encore évanouie en moi. Il est des fantômes qui ont la vie dure… Ça c'est violent…

La violence, ce peut être une jeune fille attardée mentale, sans « grand » frère pour la protéger. Qui se laisse, dans sa naïveté ingénue, entraîner dans une cave par des mecs sans vergogne, abusant de sa déficience pour la violer. Cette pauvre fille tombera enceinte des suites de ce viol et décidera sans que l'on en connaisse les raisons, de garder l'enfant de cette infamie. Ce qui finira de sceller définitivement sa folie en raison des jugements extérieurs. Plus personne n'osant l'approcher. Son statut de victime

[33] Malchanceux, poisseux.

[34] Perdant, raté.

envolé d'un coup de balai, pour être remplacé par celui de sorcière maléfique. Je la vois encore, habillée de fripes, les cheveux gras, le visage lesté par sa consternation du monde, déambuler en poussant son landau, comme un fardeau. Que dira-t-elle à son enfant plus tard ? Pourra-t-elle encore sourire à la vie ? Avait-elle déjà pardonné à ses agresseurs ? Encore une âme innocente du mal, qui s'est laissée happer par la machine à broyer de l'humain, qu'est-cette enclave de la cité. Ça c'est violent…

C'est aussi un copain qui doit dormir dans une cave. Seul, au milieu des rats, sur un matelas de fortune, car son père alcoolisé, le jette dehors sans qu'il ait mangé, après l'avoir battu sous un prétexte futile. Chacun d'entre nous, parvenu à détourner de la nourriture du regard des parents, lui ramenant de quoi grignoter afin de combler sa faim. L'un une tranche de jambon, des chips. Les autres un quignon de pain, une pomme, des gâteaux secs. Elan de solidarité nous unissant dans un mariage entre frères de galère pour le pire, mais rarement pour le meilleur. Le temps venu d'aller se coucher, Marco, habitué, partait avec ses ecchymoses en traînant des pieds alourdis par sa peine, rejoindre sa niche crasseuse aux odeurs d'urine. Me laissant planté là, avec mes pourquoi ? Sursaut de pudeur, il n'aimait pas qu'on l'accompagne. A quoi pouvait-il bien penser au moment où il s'allongeait sur la fange de sa vie ? De quoi pouvait bien être peuplés ses rêves dans ce lieu de couche hideux ? Marco n'avait pas besoin de cauchemarder pour se faire peur lorsqu'il dormait. Sa vie était un cauchemar. Avec le temps, il deviendra de plus en plus méchant et brutal envers ceux qui étaient étrangers au groupe que nous formions. Nous pouvions lui demander n'importe quoi, Marco aurait donné sa vie pour nous. Mais sa haine grandissante le rendit dangereux et insensible au sort des autres, quels qu'ils soient. Il finira abattu dans un règlement de compte de cinq balles dans le corps. Encore un « suicide déguisé ». Ça c'est violent…

Ou bien, une mère sans ressources avec deux enfants à charge, n'arrivant pas à s'en sortir, qui se prostitue par amour, pour subvenir à leurs besoins, afin de parvenir à joindre les deux bouts. Ne voyant peut-être pas d'autre réponse à apporter pour riposter à sa misère. Mise au ban de la cité, après avoir été mise au ban de la société. Ses enfants avec, car enfants de la « pute ». Exclusion accentuée par son identité de femme maghrébine, du fait de la forte proportion de population musulmane de la cité. Rejet vécue péniblement et ressentie douloureusement par Kamel, son fils, qui me dira un jour : « Toi je t'aime bien, car tu regardes ma mère normalement… » Ce jour-là, je n'ai même pas compris ce qu'il voulait dire par ce « normalement ». Moi, je la regardais, c'est tout. Sa souffrance faisait que lui, pouvait détecter une différence dans le regard qu'on lui portait. Il ressentait dans ses chairs, les coups de poignard de la souillure de la condamnation de la populace. Ce sacrifice de désespoir maternel, a-il-fait grandir son amour pour sa mère ou bien a-t-il fait qu'il la détesta, lui en voulant de cet affront qu'elle l'obligeait à endurer au quotidien ? Je n'en ai jamais rien su. Ils ont fini par déménager et je n'ai plus eu de nouvelles de lui. Pourtant, cela déterminerait l'homme qu'il deviendrait plus tard. La machine à broyer de l'humain, de l'humanité je pousserais à dire, officia là encore, à plein régime. Ça c'est violent…

La liste de ces vicissitudes quotidiennes pourrait être longue, même très longue. Je n'ai retenu que celles qui m'auront le plus marqué. Les autres étant « déclassées » au rang de banalité. Banalité qui aurait pu aisément alimenter la rubrique faits divers de nos journaux quotidiens. Mais je ne peux terminer, sans livrer celle qui m'aura le plus touché, qui me hante encore à ce jour, et avec laquelle je tente d'entrer en paix.

C'est celle d'une jeune femme de vingt-sept ans qui se défénestre du huitième étage avec son bébé dans les bras, parce qu'elle ne s'en sort plus. Et durant tout le restant de ma scolarité, pour me rendre au collège, je suis passé au pied de l'immeuble d'où elle s'est jetée. Les pompiers avaient bien lavé le sang sur le mur. L'herbe a bien repoussé. Mais jamais personne n'a rebouché le trou que l'impact de leur chute aura fait sur le sol en terre. Un bâtiment, en guise de sépulture hideuse de l'anéantissement de deux vies. Chaque fois que je suis passé au pied de ce bâtiment, je ne pouvais m'empêcher de regarder ce trou, symbole du tombeau de sa désespérance ultime, et de penser à cette femme pour me demander : « Pourquoi ? » « Pourquoi a-t-elle sauté avec son enfant dans les bras ? » « Pourquoi notre société produit-elle ce genre de drame dans une indifférence quasi totale ? » Car plus de trente ans après, je constate que cela continue. Des personnes se suicident de désespoir. Ça, c'est très très violent…

Parfois dans une curiosité morbide, je me demande si le trou est toujours là.

Peut-être que la douleur de l'insupportable détresse de cette femme, l'aura, dans un instinct de protection mortifère, amenée à cette extrémité. Culpabilisant d'avoir remis au monde son enfant au cœur de cette misère humaine avilissante. Un monde, manifestement, trop violent à ses yeux, ne désirant pas que son bambin y grandisse. Une fois extrait de la cité, j'ai moi-même toujours pensé que j'aurais préféré ne pas avoir d'enfant plutôt que de le voir grandir dans le 93. Je ne me serais pas senti la force d'élever mon fils pour en faire un pitbull[35]. Je ne me voyais pas lui dire : « Tu sais mon fils, si tu veux t'en sortir dans la vie, frappe le premier », comme je pouvais l'entendre souvent autour de moi. Le programmer pour en faire un tueur, un « killer[36] ». Eminent titre honorifique à la cité. Impliquant un grand respect pour celui qui le détenait. Respect obtenu par la peur et la

[35] Race de chien de combat très féroce.
[36] Se dit d'un gars méchant, très agressif, d'un tueur en puissance.

méfiance envers celui qui le porte. Voilà les valeurs dégénératives qu'il aurait fallu que je lui transmette pour y survivre. Je ne me sentais pas l'envie de le sacrifier sur l'autel du mal.

Un simple fait divers comme aime le préciser nos médias. Un fait de vie pour la cité, illustré par le décès de deux êtres réunis dans la mort après avoir été unis par la vie. Renforçant notre certitude du chacun pour soi. Nous familiarisant avec l'extrême. Banalisant l'horreur. M'amenant tout logiquement à la question : « A qui le tour ??? » Car là-bas, la mort était prégnante, partie intégrante de la vie. Mort par balle, mort par overdose, mort par suicide, mort par accident de voiture, etc... Parfois aussi, mort de vieillesse, ça arrivait. Je serais curieux de connaître le taux de mort violente sur des jeunes de moins de trente ans d'une cité du 93, comparé à une petite ville de province comme Tarbes. Je n'ai pas grandi dans une société au regard aseptisé sur la mort, comme on nous le répète. Elle était présente, bien réelle, marchant à nos côtés au point de nous y accoutumer, de ne plus en avoir peur. Car nous avions sous nos yeux la preuve, que malgré sa présence, la vie continuait. « The show must go on !!![37] »

Un jour, après une histoire de viol. Un journaliste a demandé à une femme Africaine : « Pourquoi les gens sont-ils si durs entre eux ? » Elle lui a répondu d'un ton atone : « Ici M., on se dispute la misère entre pauvres. » Cette grande femme habillée d'un boubou bigarré. La tête enserrée dans un turban aux mêmes motifs, contenant sa chevelure épaisse, aurait, par la profondeur de la réalité objective, la splendeur humaniste de cette phrase ciselée par la sagesse de ceux qui savent, mérité une place au Panthéon. En tout cas, moi, gaulois de souche, je la lui accorde. Je comprends que vu de l'extérieur, on puisse se demander, mais comment font-ils pour se comporter de

[37] « Le spectacle doit continuer », célèbre chanson interprétée par Freddie Mercury chanteur du groupe Queen.

manière aussi barbare ? Avoir des comportements aussi cruels entre eux ? Le monde dans lequel j'ai grandi, la cité, est cruel. Mais la cité est partie intégrante de ce monde, c'est donc notre monde à tous qui est cruel. Il ne suffit pas de pointer du doigt celui ou celle que l'on pense être responsable du mal, mais bien de se demander : « Que fais-je, moi, pour que ce monde soit moins cruel ? » et comme le dit Albert Einstein d'une manière partisane : « Ce monde est dangereux non pas à cause de ceux qui font du mal, mais à cause de tous ceux qui regardent et qui laissent faire.» Alors je m'interroge, que faisons-nous tous ensemble pour un monde moins dangereux ? J'aime répéter ce précepte : « On ne naît pas mauvais, on le devient » pour que le message touche les cœurs. Voilà un éclaircissement qui me prouve que d'autres se sont déjà interrogés sur ce sujet : « Cette réflexion est au cœur de la conviction de Mandela sur ce qui nous rend humains. Personne ne vient au monde avec des préjugés ou des idées racistes. Selon lui, aucun homme n'est fondamentalement mauvais. Le mal est quelque chose qui est instillé ou transmis aux hommes par les circonstances, l'environnement, l'éducation. Ce n'est pas inné. L'apartheid pousse les gens au mal ; le mal n'a pas créé l'apartheid[38]. » Tout comme les conditions de vie à la cité peuvent pousser au mal. J'ai appris là-bas que la haine s'inocule doucement en vous comme un poison, pour finir par emplir vos veines, créant un manque. Nous étions dépendants de la haine pour crier au monde toute notre souffrance, tout comme le toxicomane est dépendant de l'héroïne qui, elle, vient bâillonner les cris de sa souffrance. La révolte bouillonnait en nous devant tant de disparité. La société crée les personnes qui lui procureront le frisson des croustillants faits divers. Tant adoubés et recherchés par nos médias, pour les passer en boucle.

[38] RICHARD STENGEL, *les Chemins de Nelson Mandela*, Michel Lafon, 2010.

L'audience est à ce prix. Société qui finit par se répéter inlassablement : « Que ce monde est violent ! » Pour en venir à s'interroger sur les causes du mal. Je le confirme, ce monde est bien violent. Je vois les atrocités des images diffusées aux heures de grande écoute, et donc accessibles à nos enfants. Qu'en est-il pour eux ? Que leur léguons-nous ? Je remarque des comportements offensants, des propos discriminatoires, de chacun au quotidien. La violence du quotidien vient aussi par le biais du « chacun pour soi ». Je l'observe lorsque je cherche une place sur un parking de supermarché bondé, que je vois une voiture s'accaparer deux places, que j'entends une personne parler fort au téléphone dans un lieu public sans paraître se soucier du dérangement occasionné à autrui. C'est un conducteur, garé en double file, qui semble se ficher éperdument des problèmes que cela occasionne aux autres, etc... Ce qui me surprend, ce n'est plus la violence de la société, je la constate fréquemment, mais que les gens s'en étonnent encore. Oui, dans notre société il y a de la violence. Mais combien de personnes peuvent prétendre ne pas avoir une part de responsabilité devant le regrettable constat de ce qu'elle est ?

Comment voulez-vous que des enfants qui grandissent dans un environnement aussi brutal que la cité, puissent avoir de la compassion ? Comment peuvent-ils arriver à se soucier de la souffrance et du malheur qu'ils pourraient occasionner à autrui ? Quand il faut autant se « blinder » face aux tourments vécus journellement, pour pouvoir continuer d'avancer. Sans nier la souffrance et la douleur, que je reconnais, vécues par d'autres, en d'autres lieux, il est très difficile de se reconstruire au sortir d'un parcours aussi accidenté et tumultueux. « La souffrance ne grandit pas, c'est ce qu'on en fait qui peut grandir l'individu[39]. » Certains n'y parviennent pas et restent enlisés dans la

[39] ALEXANDRE JOLLIEN, *le Métier d'homme*, Editions du seuil, 2002.

fondrière de leur haine. Il me reste de ces tranches de vie brisées, comme le souvenir d'une ligne de front. On avance vers un point de l'horizon, sans trop savoir pourquoi on y va, en voyant ses camarades de combat tomber autour de soi, tout en s'accrochant au radeau de l'espoir d'être épargné. On ne sort pas indemne de ce genre d'endroit. C'est pourquoi je parle de guérilla, de résistance, de lutte. Car à la cité c'est un combat quotidien pour survivre, pour ne pas se faire happer par la machine à broyer, être plus fort qu'elle, plus dur. S'endurcir pour ne jamais mettre un genou à terre car vous ne savez pas si vous pourrez vous en relever. Je sais que je ne suis pas encore sauvé, je lutte encore contre ces vieux démons. Une partie de moi est restée là-bas et je tente d'en arracher les derniers oripeaux. Il vous en reste toujours une cicatrice plus ou moins douloureuse, comme un trouble de stress post-traumatique hérité du combat mené. Me laissant toujours avec cette interrogation sibylline et pour le moins insolite : « Pourquoi moi ? » « Pourquoi moi, je m'en suis sorti ??? »

L'Armée du Salut

L'armée m'aura permis de commencer à donner une nouvelle orientation à ma vie. Un début de virage auquel je finirais de conférer une inclinaison à cent quatre-vingts degrés afin de sortir définitivement de ce monde misérable qui m'affectait profondément. La mixité sociale imposée par le service militaire m'aura doucement amené à connaître d'autres modes de fonctionnement, issus de milieux disparates, m'imposant de vivre auprès d'individus aux valeurs hétérogènes, auxquels je ne me serais pas intéressé par ailleurs. Un brassage salutaire qui me dévoilait une diversité sociale, aiguisant une curiosité qui me poussait à m'ouvrir au monde dans sa globalité. Une possibilité de communication autre que le : « Z'y va kés kon fou, putain ? » Un regard nouveau venu de l'extérieur, profitable, oxygénant, élargissant d'un seul coup les possibles qui pouvaient m'habiter, éveillant ainsi mon désir d'en découvrir plus.

Bien que nombreux issus du 93, recréant du même coup les modes de fonctionnement de la cité, en nous regroupant par bandes, cette fois-ci déterminées par la section à laquelle nous appartenions, lentement je me rapprochais de ceux qui étaient différents de moi. Désireux de m'enrichir de leur savoir, assoiffé de nouvelles connaissances, étourdi mais heureux de tant de nouveauté. Ce pouvait être au travers de Pivert, ce caporal efféminé à la voix criarde. Boudeur à la moindre contrariété et prenant souvent sa mère pour référence.

Cognard l'Auxerrois, un grand escogriffe râleur, qui ne comprenait pas pourquoi on l'avait mis dans une compagnie de combat au milieu de « loubards », lui qui avait fait de hautes études. Piolet, un dandy parisien maniéré et manipulateur, sponsorisé par Lacoste, que l'on surnommait « la lèche », tant il cirait ses rangers avec application, pour les faire briller, afin de plaire au sergent et ainsi s'épargner des corvées. Goulon l'anxieux, fils d'agriculteur venu d'Alsace. Dont l'accent nous écorchait les oreilles à chacune de ses prises de parole, fort heureusement, elles étaient rares. Riquet dit « Frime-dure » véritable pile électrique, fan d'Elvis, qui ne cessait de parler malgré son bégaiement, ce qui demandait de s'armer de patience pour parvenir à le suivre jusqu'au bout lorsqu'il débutait une histoire, dont il était forcément le héros. Ou bien encore Hubet, Breton de naissance, au caractère obtus. Affichant fièrement son origine, revendiquant haut et fort son particularisme régional. Ce qui finit par m'agacer, me fâchant durablement avec toute revendication identitaire poussant au communautarisme. Je voyais cela comme un rejet de l'autre, qui bien souvent, n'amène pas la paix entre les peuples. Je désirais m'ouvrir au monde et lui par son ostracisme borné, me le fermait, en me rappelant systématiquement que je n'étais pas breton.

Le destin me sourit par le biais de Telmor Marcus qui faisait partie de la même section que la mienne. Marcus était un caïd respecté, d'une cité non loin de celle que j'habitais, dont la réputation n'était plus à faire. Celle-ci avait très largement dépassé les limites de sa cité. Sans l'avoir jamais vu, je le connaissais de par sa renommée. Les premiers jours, perdus comme les autres, cherchant des repères, venant de la même ville, c'est tout naturellement que nous nous sommes tournés l'un vers l'autre, pour nous lier d'amitié à ma grande satisfaction. En d'autres lieux, ce rapprochement félon n'aurait très certainement pas pu s'opérer, mais ici, le besoin de reconnaissance pacifia la rencontre et la rendit possible. Marcus soignait sa tenue vestimentaire dont il faisait sa fierté. Il aimait la sape, comme il aimait le répéter, pour bien le faire remarquer. Il était grand, costaud mais n'était pas foncièrement méchant comme sa réputation le laissait entendre. Je ne dirais pas qu'elle était surfaite, mais pas en adéquation avec le personnage qu'il me fut permis d'approcher. Marcus n'avait pas le profil de certains « cramés », au visage fermé, imprévisibles et dangereux, que j'avais pu croiser jusque-là. Il était blagueur, riait bien volontiers, recherchait le contact en s'intéressant aux autres, même s'il aimait faire briller sa personne avant tout. Marcus savait se faire respecter par la fermeté, ainsi que par la détermination de ses propos. Tout cela était renforcé par sa forte corpulence, qui n'engageait pas à vérifier la véracité de sa menace lorsqu'il se retrouvait confronté à une opposition. C'est indéniablement cette assurance affirmée, qui fit que son nom s'exporta au-delà des frontières de son lieu de résidence. Il n'ira pas jusqu'au bout de son service. Après un séjour à la prison militaire de Landau, pour avoir coursé avec une pioche à la main, un sergent qui l'agaçait, tout en le menaçant de le tuer, il sera réformé P4[40] pour ce dérapage « nerveux ».

Le phénomène de bande s'opérant, tout naturellement un groupe s'est rapidement unifié autour de Marcus. Ce qui m'a conféré instantanément, sans trop de heurt, un passe de notoriété, induisant méfiance et respect. Facilitant ainsi ma vie au sein de la garnison, car nombreuses étaient les bagarres pour se défier. Notamment, lorsque nous faisions la queue, pour se rendre à la cantine. Certains pour afficher leur primauté sur les autres, cherchaient à doubler. Quand ils arrivaient à notre hauteur, nous leur faisions comprendre que cela s'arrêtait là, qu'ils n'iraient

---

[40] Abréviation de psychiatrie niveau 4. Condition de réforme dans le cadre de la conscription en France.

pas plus loin. Nous tenions aussi, à marquer notre territoire, à nous faire respecter et remarquer. Ainsi, lorsque nous étions seuls pour nous déplacer, nous évitions les problèmes, car le racket sévissait à la caserne. Mieux valait donc appartenir à un groupe identifié, pour se protéger d'éventuels ennuis. Cette hiérarchie discrétionnaire, amenant aussi son lot de passe-droits, notamment auprès des cuistots, pour des suppléments de nourriture. Ou bien des fourriers[41] pour obtenir des vêtements en bon état sans avoir à passer par l'adjudant, qui, dans la majeure partie des cas, recalait la demande. D'autant plus qu'à l'armée, tout se faisait à la tête du client et au vu de mon indiscipline caractérisée, j'étais loin d'être en tête de liste pour bénéficier de prérogatives. Ma difficulté, voire mon refus d'obéir à des ordres transmis de manière autoritaire et péremptoire, parfois de façon humiliante, ma contestation manifeste sur leur bien-fondé, ont fait que j'étais une des têtes de Turc des gradés. Ce qui compliqua sérieusement mon séjour militaire, qui n'était déjà pas une partie de plaisir dans cette unité commando. Pour exemple, j'ai fait le double de tour de garde de notre ami « la lèche », Piolet. A sa décharge, il est vrai que mes rangers ne brillaient pas autant que les siennes. Un jour, un sergent agacé par mon comportement de mutin, m'a lancé : « Toi, on va te casser ! » Mon arrogance provocatrice pleine de résolution, m'a poussé à lui répondre droit dans les yeux : « Celui qui me cassera n'est pas encore né ! » Bien qu'une petite voix apeurée, sortie du tréfonds de mon âme d'enfant, avait envie de lui répondre : « C'est déjà fait, depuis longtemps. » Cette impertinence suicidaire n'éveilla pas en lui de la mansuétude à mon égard. Je me retrouvais confronté à une tout autre autorité que celle de mes professeurs, mais elle ne m'effrayait pas. Bien au contraire, le défi que cela

---

[41] Personne responsable du matériel.

représentait, me stimulait. Il abusa bien évidemment vicieusement de son grade, pour tenter de mettre en pratique sa menace. Je me fis un plaisir de lui rappeler qu'il n'aurait qu'un an pour la faire aboutir et que ce délai émancipateur serait court pour y parvenir. Un an plus quelques jours au final, vu que je n'ai pas été libéré à la date prévue officiellement, par basses représailles vengeresses et narquoises pour m'empêcher d'avoir la joie de fêter ma libération avec mes camarades de classe. Peu importait cette ultime tentative de soumission, j'avais gagné et ne me privais pas de le leur faire fièrement savoir, le jour de mes adieux radieux. Une fois encore, ma souffrance m'amenait sur le terrain de l'affrontement, et bien qu'il m'en coûtât, je n'aurais baissé la tête pour rien au monde. Où que l'on aille, on exporte sa misère avec soi. Celle-ci déteint sur notre environnement, détériorant nos relations avec autrui, pour peu que celui qui s'y confronte ne soit pas enclin à la bienveillance.

Puis est venue la rencontre avec Tonio, qui a concrétisé la véritable amorce du changement qui s'opéra en moi par la suite. Même si je suis bien conscient que d'autres en avaient préparé le terrain en commençant à le défricher, comme cette chère Mme Coulon. Durant les deux mois qu'ont duré les « classes[42] », Tonio fut transparent pour moi. Je le croisais, de temps en temps, mais il était en retrait par rapport aux autres, discret, comme si dans cette arène qu'était la caserne, il eut besoin d'un round d'observation. Puis au bout de ces deux mois d'apprentissage militaire, nous avons été transférés en compagnie de combat dans un autre bâtiment, pour laisser place dans celui que nous occupions à l'arrivée d'un nouveau contingent de « bleu-bite[43] ». Tonio s'est retrouvé dans ma chambrée, avec quatre autres gars, c'est là, qu'un

[42] Période durant laquelle les nouvelles recrues reçoivent un enseignement militaire de base.
[43] Argot, jeune recrue militaire.

rapprochement s'est opéré progressivement, pour finir par découler sur une amitié fraternelle. Tonio avait quelques années de plus que moi et même s'il était plus petit, j'ai fini par le considérer comme un grand frère. Il me fascinait, s'intéressant à beaucoup de sujets, ne se lassant jamais de disserter avec ferveur et engouement sur ceux qui le passionnaient. J'aimais cette fougue et cette soif de vie qui m'envoûtaient littéralement. Cela me changeait de ce que j'avais pu connaître jusque-là. Tonio n'était jamais rassasié de découvrir la vie, de l'aimer comme elle se présentait. Tous les prétextes étaient bons pour la croquer à pleines dents. A ses côtés, il me semblait qu'elle recélait des mystères qui m'étaient invisibles. Lui ne cessait de me dire silencieusement, dans son agitation excentrique communicatrice : « Regarde comme c'est beau !!» Il ne me fit pas découvrir la vie, il éveilla en moi l'Amour de la Vie…

Fan de Prince, le simple fait d'entendre sa musique le faisait vibrer. Il se mettait à se déhancher, à tournoyer sur lui-même dans une imitation excitatrice des pas de danse de la star naissante, qu'il me fit découvrir. Poussé par son excitation, il me transmettait dans son effervescence débordante, son amour pour la musique. Fils unique, la promiscuité qu'imposait ce genre de vie, le dérangeait plus que d'autres. Amoureux de littérature, il s'accordait régulièrement des moments de savoureuse solitude allongé sur son lit, accompagné d'un livre. Parfois, il me lisait un passage pour partager avec moi le plaisir qu'il en ressentait. Cette lecture à haute voix le faisait frissonner d'émotion à chacun des mots qu'il prononçait. Il s'imprégnait gracieusement de la tirade extraite sur chacune de ses inspirations. Je devenais le joyeux confident, attentif à tous ces moments de grâce qui nous rendaient de plus en plus complices. Admirateur de Saint-Exupéry, il m'a fait découvrir le Petit Prince dont j'ai retenu cette phrase qui me suit encore : « On ne voit bien qu'avec le cœur, l'essentiel est invisible pour les yeux. » C'est juste, pour rencontrer les gens et bien se connaître, il faut leur ouvrir notre cœur. Passionné par les femmes, dans ce lieu où elles manquaient cruellement pour lui, il pouvait en parler durant des heures, comme pour en être plus proche. Les sublimant divinement à chacune de ses histoires, contant une de ses rencontres. Je ne me lassais pas de l'entendre discourir avec une ardeur pleine de zèle ou bien avec une tendresse érotique, sur ses désirs pour la gente féminine. Subjugué que j'étais, moi qui n'avais encore rien connu, si ce n'est deux ou trois baisers volés, caché dans une cage d'escalier pour ne pas être vu. Tonio affichait ostensiblement son amour des femmes. Lors de nos sorties nocturnes qui sont venues par la suite, je m'extasiais de le voir virevolter autour d'elles comme un papillon cherchant la meilleure approche pour se poser sur une fleur, invitant à être butinée. Je m'enjouais d'écouter son ton charmeur pour enivrer l'une d'elles, tel un parfum voluptueux. J'exultais de ravissement d'entendre ses compliments éphémères, inspirés par sa sincérité du moment, rebondissant de l'un à l'autre, pour chercher comme l'épéiste, la pique finale qui parviendrait à toucher leur cœur. J'admirais l'aisance qu'il avait de valser avec leurs émotions, jusqu'à les en étourdir, pour parvenir à les séduire. On aurait dit que c'était une question de vie ou de mort pour lui, tant il y mettait de la passion. Lorsqu'il leur parlait, Tonio savait mieux que quiconque les rendre belles et les faire rêver. En s'improvisant prince dévoué, en quelques déclamations habilement servies, il parvenait à faire d'elles les princesses d'une nuit. Je constatais lors de ces jubilations expansives que son goût pour la littérature, le servait brillamment dans sa quête séductrice.

Je restais dérouté, déconcerté, ébahi par l'Amour franc et le respect attentionné qu'il vouait à ses parents. Contrastant fortement avec moi qui avais décrété la mort de mon père et qui espérais celle de ma mère. Chacune des paroles qu'il leur adressait, me laissait penser qu'il les remerciait généreusement de l'avoir remis au monde. Je découvrais un sentiment gênant d'observer un étrange lien les unissant qui m'était totalement étranger. Pour résumer au mieux, ce que Tonio a enraciné en moi, je citerai Okakura Kakuzo, écrivain japonais : « Ceux qui sont incapables de sentir en eux-mêmes la petitesse des grandes choses, sont mal préparés à discerner la grandeur des petites choses chez les autres[44]. » J'en retiens que l'infiniment petit qui se cache derrière un geste simple, une parole anodine peuvent être dignes de notre attention. C'est la façon d'accueillir dans la simplicité le mouvement de la vie qui la rend belle et rayonnante, source de Joie et de Bonheur.

Tonio, fils d'immigrés portugais, résidait à deux pas des quais de Seine, dans un somptueux immeuble Haussmannien en pierre de taille, juste en face de l'ambassade d'Afrique du Sud. Grâce au métier de ses parents, concierges au service de bourgeois du septième arrondissement de Paris, magnifique quartier huppé de la capitale, Tonio a grandi dans un environnement radicalement différent du mien. Ce qui l'autorisait à fréquenter à l'école des élèves argentés, studieux, cultivés par leur origine sociale. Loin, très loin du monde dans lequel j'errais. Tout nous différenciait, hormis la condition modeste de ses parents. Au bout de quelques temps, comprenant que ce n'était pas la joie chez moi, Tonio m'a proposé, par amitié, de venir passer quelques-unes de mes permissions chez lui. Ce qui apporta une bulle d'oxygène à ma condition en découvrant un tout autre univers.

Le simple fait d'entrer dans le hall d'accueil de cet immeuble, m'impressionnait. Le tapis de moquette, de couleur amarante, était si épais, que les pieds s'y enfonçaient profondément. Sur la droite, un immense

[44] OKAKURA KAKUZO, *le Livre du thé*, éditions Philippe Picquier.

miroir encadré de bordures aux fines ciselures, agrandissait les lieux déjà bien spacieux. Au plafond, d'une hauteur impressionnante, un gigantesque lustre de cristal pendait. A l'identique à ceux de la majestueuse galerie des Glaces du château de Versailles que j'avais pu voir en photo dans un livre d'histoire. L'escalier était bordé d'un côté par un mur aux tentures d'un rouge chatoyant, décorées de motifs royaux. De l'autre, d'une rampe en fer forgé noir qui tranchait avec la blancheur des larges marches de marbre qui menaient à l'étage supérieur. Le tout, éclairé par de petits luminaires muraux dorés, dont la lumière tamisée, amenait une douce quiétude, très inhabituelle pour moi, vu les halls délabrés que j'avais pu fréquenter jusque-là. Outre le faste, une autre chose m'a surpris, l'absence de boîte aux lettres. Tous les halls que j'avais connus jusqu'alors comportaient leur galerie de boîtes aux lettres. J'ai appris par la suite que c'était les parents de Tonio qui tenaient ce rôle. Tout ce luxe m'amena à m'interroger : « Si leur hall est autant soigné et remarquable, que doit-il en être de leurs appartements ? » Je finirai par le découvrir par mon métier de technicien, qui m'a autorisé l'entrée de ces appartements fastueux. Et là, j'ai été abasourdi que des personnes puissent vivre dans des logements aussi grands et aussi luxueux, moi le « petit » fils de banlieue, j'entrais, parfois, dans des demeures dignes d'un monarque.

En approchant de plus près ce monde d'aisance, j'ai été surpris de l'accueil. Jusque-là, j'avais toujours pensé que ce qui rendait les personnes mauvaises, venait de leur condition miséreuse, de leur manque d'éducation. Que les gens étaient méchants entre eux parce qu'ils étaient malheureux faute d'argent. Et de manière toute puérile, je m'étais construit un idéal m'amenant à croire que lorsqu'on avait de l'argent, que l'on était cultivé, car pour moi l'un n'allait pas sans l'autre, on ne pouvait être mauvais. La réalité en fut toute autre.

J'ai découvert qu'il pouvait y avoir une autre forme de violence, pas forcément brutale et directe comme ce pouvait être le cas à la cité. Mais tout aussi blessante et injurieuse par sa duplicité et son humiliation sous-jacente. Par des regards malveillants, des paroles offensantes, mortifiantes, parfois prononcées avec un sourire railleur et cabotin, on me faisait bien comprendre que ma place n'était pas ici. Que je n'avais rien à y faire. Je me souviens, alors qu'une fois de plus j'admirais l'éclat de ce hall, d'une femme à l'allure soignée qui entrait, et m'interpella sur un ton parisien mondain « Que faites-vous ici jeune homme, vous êtes-vous perdu ? » sans pour autant s'arrêter pour attendre une réponse de ma part. Une autre fois, ce fut un homme pressé qui traversa le hall en courant en me lançant un simple conseil qui devait lui sembler une évidence : « Pour les livraisons, il faut voir avec le concierge !!! » Dans ces deux cas précis, je n'ai eu droit à aucun « bonjour », à peine un regard posé sur ma personne. A croire que le simple fait de me regarder pouvait les salir. « Tiens, prends ça et retourne d'où tu viens », semblait-on me souffler avec muflerie. Il est des mots, des attitudes qui vous atteignent plus directement qu'un uppercut servi par Tyson[45].

Je n'ai jamais osé m'avancer plus loin que cet espace. Si déjà ma présence dans leur hall était soumise à condition, qu'en serait-il des étages ? La seule porte à leur monde dont il m'autorisait l'accès était que je sois leur « boy ». Il ne pouvait en être autrement à leurs yeux. Ou bien, dans certains regards révoltés, j'étais perçu comme le cafard que l'on découvre en train de courir sur les provisions déposées dans la cuisine. Le choc a été à la hauteur de mon immense désillusion. Ici aussi les gens pouvaient être cruels, avoir des comportements odieux, des propos venimeux. Sous couvert de leur condition

[45] Mike Tyson, boxeur des années quatre-vingt au punch ravageur, plusieurs fois champion du monde.

avantageuse, ils s'autorisaient des jugements dégradants d'exclusion. Révoquant illico toute tentative d'intégration, voire de simple approche. J'ai donc découvert que l'argent ne rendait pas bienheureux, tolérant, vertueux, compatissant. Constaté que ces hommes et ces femmes vivaient dans la peur, pensant que l'on s'intéressait à eux uniquement pour leur argent. Repoussant toute personne de condition différente. Se fermant à tout un pan de l'Humanité. Quelle misère humaine !!!

La main tendue que me proposa Tonio, en m'offrant la possibilité de venir passer mes permissions chez lui, a eu une double incidence pour moi. La première a été de commencer à couper avec mon environnement, avec les copains d'alors, cesser mes conneries lorsque je rentrais chez moi. Encore fallait-il que je reconnaisse mes habitudes néfastes pour commencer à les transformer. La seconde, a été de pénétrer un nouveau monde. Rencontrer de nouveaux visages. Observer de nouveaux comportements et expérimenter une nouvelle façon d'être, pour enfin commencer à m'intégrer. Me permettant de donner naissance à une autre facette de ma personnalité que celle que j'avais jusqu'à présent. J'en appréciais rapidement l'altérité. Tonio, sans le savoir, m'offrait un joyau inestimable à travers cette opportunité. Cette personnalité mise à jour, je n'ai eu plus qu'une aspiration : la faire croître.

Le premier tremblement du séisme qui se profilait à l'aurore de ma nouvelle vie, s'est produit sous le toit de la petite chambre mansardée qu'occupait Tonio. Il m'a demandé de m'asseoir, puis il a posé un livre sur mes genoux et m'a dit tout simplement : « Lis ça. » Je me suis donc mis à lire. C'était un poème d'Arthur Rimbaud, « Le dormeur du val ». Lorsque j'en terminais la lecture, j'en avais les larmes aux yeux. La simplicité de la beauté naturelle retranscrite, l'équilibre, la grâce ainsi que la finesse des mots employés. Le serpentin émotionnel emprunté par l'auteur pour nous amener à l'évidence masquée de la mort, ont, telle une épée au fil aiguisé, découpé, transpercé mon épaisse armure. Irrigué mon cœur d'une émotion inconnue jusque-là. Infiltré mon âme d'Homme, soufflé un doux vent de liberté dont je ne pouvais présager jusqu'où il me porterait. Tonio adorait la poésie, il venait de partager avec moi sa passion pour cet art littéraire. Sans un mot, avec altruisme et Amour, il venait de déverrouiller la porte de ma sensibilité, que je ne me connaissais pas. Pourtant, elle était bien en moi. Comment avait-il pu la voir, alors que je n'en soupçonnais même pas l'existence ? Comment a-t-il pu imaginer que je pourrais avoir plaisir à lire ce poème ? Par quelle excellence a-t-il pu me faire confiance et devenir mon ami ? Qu'avais-je à lui offrir ? Moi, une racaille du 93…

La seconde secousse a eu lieu lors de la visite du Musée d'Orsay. Cette ancienne gare de Paris reconvertie en espace culturel, que Tonio m'a invité à aller visiter. Lorsque, dans la galerie dédiée à Van Gogh, je me suis retrouvé devant un tableau de l'artiste. Je suis resté figé d'éblouissement par le rayonnement de cette peinture. Immobilisé d'ébahissement devant ce que j'admirais. Comment pouvait-on retranscrire autant de beauté en quelques habiles coups de pinceaux ? Je restais là, hypnotisé, à regarder ce chef-d'œuvre pictural du néo-impressionnisme, soulevant en moi, de nouveau une émotion jamais ressentie auparavant. Moi, le délinquant, dispensant le mal, désabusé par les hommes, écœuré par la laideur de ce monde, je me retrouvais devant le beau, devant l'œuvre d'un maître de cet art. Quelle téléportation ! Le beau. Je venais de découvrir ce que pouvait être le Beau. Sans un mot, sans un verbe. Juste une image peinte sur une toile m'envoyait à cet état de béatitude et d'émerveillement ; poursuivant ainsi l'entreprise de transformation de mon être, ressentie quelques semaines plus tôt, dans la chambre de mon nouvel ami. Tonio aimait la peinture. Là encore, comment a-t-il su qu'il pouvait m'amener dans cet endroit ? Qu'a-t-il vu en moi qui pouvait lui laisser penser que cela était possible ? Comment a-t-il pu déceler toute l'Humanité qui m'habitait ? Véritable excavation du cœur de mon être de mes sentiments les plus enfouis, pour venir les placer à la lumière de ma conscience, par la simple lecture d'un poème émouvant, conjuguée à l'extase ressentie face à ce tableau.

Dans le mouvement de la vie, suite à un malentendu amenant un sentiment ombrageux de déception de ma part à son encontre, Tonio a fini par disparaître de mon paysage. L'icône que je m'en étais fait, a amplifié la blessure de trahison que cela réveilla en moi, et, bien qu'elle n'ait pas été volontaire, je ne lui ai pas pardonné sa maladresse. Avec le recul, je pense que j'avais besoin de couper ce lien de dépendance, pour voler de mes propres ailes. Auprès de Tonio, je ne pouvais exister. Son charisme agissait comme un éteignoir sur ma personnalité. Malgré toutes ces années passées, il n'a jamais cessé de m'habiter et scintille à jamais aux côtés de Mme Coulon et de tous les autres qui auront su nourrir mon Humanité. Tonio aura su dépasser le filtre des préjugés, pour voir en transparence l'homme que j'étais dans toute sa grandeur. Il aura su me permettre d'exister autrement que par la violence qui coulait dans mes veines jusqu'alors et qui brouillait ma personnalité, me démontrer la possibilité d'une splendeur à l'issue salutaire. Il aura valorisé mon être, afin que j'en extraie la quintessence pour le reste de ma vie.

C'est pourquoi, depuis, je dis que je suis né deux fois. Une fois en sortant du ventre de ma mère pour venir au monde. La seconde, vingt ans plus tard, en sortant du cœur de ma cité, pour m'ouvrir au monde…

Conclusion

Avec le recul conjugué à mon expérience de vie, je pense que la suppression du service militaire a été une erreur. Particulièrement pour les jeunes de quartiers sensibles, cela leur a fermé une fenêtre sur le monde extérieur, sur de nouveaux horizons riches d'enseignements. Une possibilité d'ouverture, créant une mixité bénéfique comme j'ai pu avoir la chance de la vivre. Se confronter à la différence autrement que par la violence. Rencontrer d'autres individus sans être motivé par la confrontation et la provocation. Comme j'essaie d'en témoigner, il est bien difficile de se désincarcérer de la cité. Le monde qui l'entoure nous est inconnu et bien souvent très hostile. La peur qu'inspirent les jeunes de banlieue creusant un gouffre de rejet. Compréhensible, mais pénible à supporter pour celui qui le subit. Surtout lorsque son désir d'intégration est animé par la volonté de s'en sortir, de s'intégrer dans la société pour découvrir un monde nouveau. C'est manifestement un autre combat de résistance qui s'engage pour parvenir à casser ce regard qui nous rend prisonnier de l'image que l'on renvoie. Briser ce mur de mépris que la peur façonne. Parvenir à toucher les cœurs afin que puisse se lever le rideau de fer de l'accusation systématique. Le combat est de nouveau compliqué, harassant, aux multiples frustrations répétées. L'intégration est un chemin escarpé, long et douloureux. Où bien souvent, vous ne voyez pas les coups arriver. La patience, la persévérance ainsi que la capacité à résister à la calomnie, aux paroles humiliantes, aux regards d'excommunication, à l'abus de pouvoir que confèrent positions sociales ou bien professionnelles, détermineront le salut qui vous sera accordé. J'ai pu constater durant ce pèlerinage initiatique de rédemption, que bien souvent les plus prompts à se baisser afin de ramasser une pierre pour vous lapider, sont ceux qui ont une morale qui leur est propre et qui se veut au-dessus de tout soupçon. Morale, le plus fréquemment, animée par un grand manque de compassion et d'Amour…

Trop de personnes éructent une diatribe sur vos origines, votre condition, ce qui a pour conséquence le même résultat que si elles venaient vous jeter du vitriol à la face pour vous défigurer, dans l'idée de vous rendre à jamais repoussant aux yeux de tous. Il est très ardu, sans que cela réveille de la souffrance en vous, de supporter de se faire repousser de manière totalement discriminatoire par ceux qui cherchent systématiquement à vous renvoyer d'où vous venez, sans prendre la peine d'essayer de vous connaître. On vous chasse comme on pouvait le faire pour les pestiférés en des temps lointains. J'ai pu le vérifier avec des copains, certains ne le supportent pas. Il faut être très fort pour y résister, et lorsque vous n'avez pas un prénom bien Gaulois, le rejet est alors encore bien plus violent. Dans ce cas, on ne vous invite pas simplement à retourner dans votre lieu de vie, mais à repartir dans votre pays. Tout cela arrosé de quelques injures offensantes vous rappelant vos origines. Comment pensez-vous qu'un jeune de banlieue reçoive ce genre d'injonctions, après qu'il ait fait un an d'armée sous les drapeaux, afin d'y servir la France ? Comme j'ai pu l'entendre pour des copains d'origine maghrébine ayant fait leur service militaire. Leur pays, c'est la France. Pensez-vous que l'on puisse aider quelqu'un à se sentir Français par de tels propos ? L'intégration ne s'exige pas par des propos fielleux, on l'offre en acceptant la différence qu'elle suppose. Si certains sont jugés mauvais, ils ne le sont pas plus que je ne l'ai été. Ceci n'est pas une raison pour jeter l'opprobre sur tout un peuple. « N'y aurait-il plus qu'un seul Allemand respectable, qu'il serait digne d'être défendu contre toute la horde de barbares, et que son existence vous enlèverait le droit de déverser votre haine sur un peuple entier.»[46]

Pour illustrer ces paroles généreuses, pleines d'Amour inconditionnel, j'aime à conter cette anecdote qui me touche encore et dont je me nourris. Une nuit d'hiver, alors que nous étions en manœuvre avec ma compagnie de combat, j'étais de garde, posté au fond d'un trou creusé dans l'après-midi. Je restais là, seul dans la nuit noire et glaciale à guetter une hypothétique attaque ennemie, qui ne viendrait jamais. Le froid me pénétrait de toute part, j'étais littéralement transi. Il n'y avait plus qu'une seule chose qui occupait mon esprit : compter les secondes qui s'égrenaient une à une, me rapprochant de la relève. Lorsque tout d'un coup, sortie des ténèbres impénétrables qui m'entouraient, d'où certainement l'appellation de forêt noire, je vis se rapprocher ce qui n'était dans un premier temps, qu'une simple ombre. Loin de m'alarmer, celle-ci me réjouit. Arrivée à ma hauteur, une voix chaleureuse et amicale émit : « Tiens, j'ai pensé que cela te ferait du bien… » Cette ombre tout emmitouflée, que je n'avais pas encore identifiée, me tendit un quart empli d'un café bien chaud. Une fois accroupi, je parvins à reconnaître derrière le passe-montagne kaki qu'il portait, le regard aux yeux sombres de mon compagnon de section, Mustapha. Je garde un souvenir impérissable de ce café inespéré qui m'a réconforté bien plus durablement que sur le moment. Il continue malgré le temps, de réchauffer mon âme quotidiennement. Il n'y a pas plus bel âtre pour se réchauffer, que le cœur d'un Homme bienveillant.

---

[46] Ecrit par ETTY HILLESUM, jeune juive morte en déportation dans un camp de concentration. *Une vie bouleversée*, Ed. du seuil, 1995.

Cet acte eut le mérite de bien ancrer en moi, par ce simple geste d'Humanité, que l'Amour n'a pas d'origine. Pas de visage fixé, de faciès établi par avance. Que ce sentiment humaniste qui relie les hommes et les femmes entre eux, n'est en rien réservé à une élite. Aussi aryenne puisse-t-elle être. Je suis fondamentalement animé par l'aspiration d'une ouverture possible sur une société hétérogène, libre et en mouvement. Un enthousiaste partisan de la mixité culturelle. Celle-ci nous enrichit, nous enseigne, nous grandit, fédère les peuples. Qu'en était-il de la France il y a mille ans ? Qu'en sera-t-il dans cinq cents ans ? Les couleurs d'un pays ne s'arrêtent pas aux couleurs de son drapeau.

Tout comme un Auvergnat, un Breton, un Bigourdan peuvent se sentir Français, sans pour autant renier leurs origines propres à la culture, aux us et coutumes dues aux particularismes de leurs régions. Parler le patois qui en est issu. Un jeune d'origine Maghrébine, d'Afrique ou d'ailleurs, peut revendiquer le droit de garder cette double identité qui fait partie de son histoire, tout en se sentant Français. Je n'y vois personnellement aucune différence, moi qui n'ai, mis à part d'être Français, aucune culture particulière, si ce n'est celle de la rue. D'ailleurs, arrivé dans ma nouvelle région d'adoption, au pied de ces belles montagnes des Pyrénées. Je me suis trouvé bien embêté, lorsque lors d'une invitation à un repas commun, il nous était demandé par l'hôte, de venir chacun, avec une spécialité de sa région. Le but était ainsi de la faire découvrir aux autres convives présents. Sur l'instant, j'ai trouvé l'idée géniale et conviviale. Mais cela a vite soulevé un problème pour moi. Quelle spécialité du 93 pourrais-je bien leur faire découvrir ? Mis à part un couscous merguez ou bien un kebab, je ne voyais pas. Mon humour, pour répondre au cliché, m'a bien suggéré une barrette de shit, sans pour autant que j'en retienne l'idée. Finalement, mon désir « d'intégration » a été le plus fort. J'ai opté pour une tourte pyrénéenne ainsi qu'un Jurançon pour l'accompagner. Cet épisode cocasse, m'a juste amené à me questionner sur mes origines véritables. S'arrêtent-elles à la région qui m'a vu naître ? A ma nationalité ainsi qu'aux frontières qui en délimitent son appartenance ? Dois-je prendre celle de mes parents ? Et dans l'hypothèse d'origines différentes, laquelle prendre alors ? Quelle différence y a-t-il entre un Basque revendicateur, un Corse indépendantiste, fiers de leur terre, et moi ? Il me semble avoir remarqué lors de mes voyages hexagonaux, que l'on m'a fait sentir une différence, une impression de ne pas être du pays, du terroir, pour certains. Je croyais pourtant bien être en France et penser être un « bon Français » méritant l'accueil qu'il se doit. Alors pourquoi tant de différences, d'exclusions, de rejets de ce qui est autre ? Quelle folie pousse les Hommes à s'identifier à un morceau de terre, aussi beau soit-il ? Certaines personnes ont cette basse faculté de vous faire sentir étranger. Cela même dans le pays qui vous a vu naître. A quel titre s'arrogent-t-elles le droit de me réclamer une intégration ? Ne suffit-il pas de montrer « patte blanche » ? Mon intégration, je la revendique pour le simple fait de respecter sa liberté d'être, son statut d'Homme à part entière, à celui qui me la réclame. Je ne me détermine et ne m'enferme dans aucune identité particulière. Si ce n'est celle, d'appartenir à l'Humanité. « Je suis un homme, je considère que rien de ce qui est humain ne m'est étranger[47]. » Beaucoup trop ont oublié ce lien qui nous relie tous.

Personnellement, je n'ai encore jamais réussi à mettre une définition sur ce terme tant employé : « C'est un bon Français ! » En suis-je un d'ailleurs ? Je me pose la question. Cette appellation discriminante n'a aucun écho en moi. Les nazis qui poussèrent des millions de gens dans

[47] Térence, poète latin, 190-159 av. J.-C.

les chambres à gaz, étaient-ils de bons Allemands ? Des personnes le pensaient et le pensent encore. Mon référentiel pour appréhender si un Homme est bon n'est pas basé sur la couleur de sa peau. Ni sur la forme de ses cheveux, de son origine ethnique ou de son appartenance religieuse. Ou bien sur le fait qu'il aime entendre du biniou, un verre de rouge à la main, tout en mâchouillant une tranche de saucisson. Mes valeurs humaines sont un peu plus universelles que cela. Même si écouter un air de biniou, un verre de rouge à la main tout en mâchouillant une tranche de saucisson ne me déplaît pas. Mais j'apprécie tout autant de manger un couscous avec les doigts, assis par terre, sur un air d'Oum Kaltoum[48].

Pour poursuivre ma conclusion sur les réponses à apporter. Je pense qu'il serait bon d'instituer au moins pour les jeunes désœuvrés qui errent dans nos banlieues, en manque flagrant de repères aux nobles vertus, un service citoyen de six mois. Il pourrait leur être proposé, par exemple, de partir avec une O.N.G dans un pays du tiers monde. Qu'ils soient, de la sorte, confrontés à plus grande misère, plus grande détresse, ce qui permettrait de les comparer à la leur. Aider au service de personnes âgées dans une maison de retraite. Assister le personnel soignant d'un hôpital recueillant des personnes infirmes, suite à un accident de la vie ou bien atteintes d'une maladie dégénérative. Leur offrir la chance, tout comme j'ai pu la vivre, de servir dans un E.S.A.T. (Etablissement et service d'aide par le travail)[49]. Au milieu d'individus trisomiques où les valeurs humaines sont à nu et ont été les plus sincères qu'il m'ait été donné de vivre. Ces personnes ne connaissent pas la manipulation. Vous offrent leur cœur, sans calcul, de façon désarmante, dans un écrin rutilant d'Amour qui vous touche au plus profond de votre être.

---

[48] Chanteuse et musicienne égyptienne, 1898-1975.

[49] Etablissement médico-social de travail protégé, réservé aux personnes en situation de handicap.

Ou pourquoi pas, dans une maternelle, là où le regard des enfants est tout Amour pour celui, celle qui se dévoue à leur bien-être. On pourrait envisager, comme pour l'armée, un mois de classe pour former ces nouveaux aspirants à la « vie », aux quelques bases nécessaires à leur intégration dans les services précités. Puis, cinq mois de mise en pratique dans le milieu qu'ils auraient choisi. A contrario de ce que j'ai vécu, je ne pense pas qu'un service militaire rigide soit adéquat. Du moins sous certaines des formes du traitement que l'on nous imposait. La discipline exigée et la rigueur contraignante amèneraient à entrer dans une confrontation inopérante. L'important étant plus de susciter que d'imposer. Amener ces jeunes sur un terrain qu'ils ne connaissent pas ou peu. Tel que le service à autrui. Opérant des rencontres improbables afin d'éveiller des sentiments émouvants de sincérité. Des émotions poignantes de vérité, jamais ressenties auparavant. Les confronter, non pas à de la violence, mais bien à de la chaleur humaine bienveillante et compatissante. Les accompagner à s'ouvrir au monde et à eux-mêmes. Initier en eux des valeurs pleines de solidarité fraternelle, façonnées par l'Amour désintéressé. Voilà ce qui serait rédempteur pour ces aspirants à une nouvelle existence plus joyeuse. Ce ne sont là que des pistes, mais il me semble urgent d'apporter de sincères et durables solutions. Sans quoi, notre pays se prépare à des réveils douloureux. Soyons vigilants pour ne pas en venir comme le dit Josué de Castro à ce constat : « La moitié des Brésiliens ne dorment pas parce qu'ils ont faim. L'autre moitié ne dort pas non plus, car elle a peur de ceux qui ont faim[50]. »

La prévention n'a pas bonne presse et ne rapporte que peu d'électeurs. Pourtant, j'en suis persuadé, là est le cœur de la solution. Pour un jeune délinquant qui serait dévié de

[50] Cité par JEAN ZIEGLER dans *Destruction massive*, Ed. du seuil 2011.

sa voie, combien de victimes épargnées ? Combien de milliers d'euros économisés par les dégradations qui seraient évitées ? Ainsi que l'argent injecté pour la sécurité, la répression et pour le bon fonctionnement des prisons. Pourquoi attendre, telle une fatalité, que le mal soit fait pour le sanctionner ? Je ne dis pas que ces jeunes peuvent forcément être tous sauvés, mais j'en suis sûr, un plus grand nombre qu'on ne le pense. Comme tout être humain, ils aspirent au bonheur. Mais encore faut-il laisser un espace entrouvert afin qu'ils puissent en ressentir quelques bienfaits, une possibilité de s'en approcher pour le percevoir. Suite à cette réflexion et aux vues des dernières élections, je suis tenté de dire, un brin provocateur : « A qui profite le crime ? »

Dans cet engagement humaniste je ne cherche pas à excuser les faits, mais à questionner la responsabilité de la société devant les raisons qui poussent un homme à voler et parfois à tuer. En allant voir chacun au fond de nous en scrutant les faits d'un œil compatissant, puis en répondant sincèrement, humainement, avec tolérance, je pense résolument que de nombreux drames seraient évités. C'est en ça que cela devient un choix de société. Désirons-nous vivre dans une société violente, dissociée et inégalitaire, tirant vers le bas ? Ou bien une société solidaire, juste et compassionnelle élevant tout le monde vers le haut ? Notre société dans l'évolution actuelle du monde, ne peut s'épargner ce genre de réflexion progressiste, menant à une véritable transmutation des mentalités. Connaissant la souffrance que génèrent tous ces comportements individualistes, ceci me pousse à m'en faire l'avocat. C'est en remettant en question, moi, vous, nous, tous ensemble, la brutalité de notre société que nous éviterons les débordements agressifs de révoltes d'une partie de la population, victime de violence sociale. Ces jeunes des quartiers défavorisés sont là pour nous éclairer sur ce sujet essentiel des valeurs humaines. Ils nous obligent à nous questionner sur notre Humanité, pour nous inviter à cheminer vers une société pacifiée.

Lorsque je me centre en moi-même à l'écoute de mon ressenti, me connecte à mon Humanité et que je pose un regard détaché sur les événements du monde, je trouve notre société très primitive, sociologiquement parlant. Comment les gouvernements de la planète, élus par la population qui les peuplent, faut-il le rappeler, peuvent-ils à ce point se désintéresser de la misère humaine ? Nos gouvernements ne sont que le miroir de notre désintérêt général à ce sujet. Quelques actions solidaires sporadiques ne résolvent pas le problème en profondeur. Toutes les aides sociales ne combleront jamais le manque d'Amour flagrant de nos sociétés occidentales. Amour qui devrait normalement unir hommes et femmes dans un élan de solidarité bienfaitrice. Comment réfléchir sur sa propre condition si ce n'est en la comparant à celle de l'autre ? Une société évoluée mettrait la préoccupation Humaine en toute priorité et non le profit boulimique, dévastateur pour le bien-être planétaire. Je suis viscéralement convaincu que c'est une synergie collective et mondiale sur ce sujet, contribuant à notre évolution de conscience, que nous y parviendrons. Un point de mire vital au bien-être collectif. Il est urgent que l'individu soit le centre de la réflexion du problème de l'Humanité, et non, que l'individualisme soit le centre du problème de l'Humanité. La France, à l'origine de la déclaration universelle des droits de l'Homme, pourrait en devenir la locomotive. C'est un souhait qui m'anime…

J'ai appris lentement, patiemment, au quotidien dans ma vie à écrire en majuscules, à mettre des couleurs sur ce mot AMOUR. Je tente encore d'apprivoiser ce sentiment, de m'en imprégner afin qu'il m'habite pleinement un jour. Et j'ai fait mienne cette belle parole d'un grand humaniste, s'il en est : « J'ai décidé d'opter pour l'Amour ; la haine est un fardeau trop lourd à porter[51]. » Personne ne m'aura donné le mode d'emploi pour faire vivre cet Amour, juste montré la voie. Cela a l'avantage que je l'incarne à ma façon. M'enchante de le voir se développer chaque jour un peu plus. Que je ressente la joie de le contempler plus lumineux et plus puissant. Ses contrées se déployant à l'infini et bien au-delà. Je ne me lasse pas de les explorer. « Il est facile d'aimer Dieu, il est parfait[52]. » Mais il est bien plus difficile d'aimer son semblable dans toute sa différence. Néanmoins, j'ai compris que c'est de cette manière que l'on se rapproche de sa véritable nature. Notre nature Divine. J'ai longuement hésité avant d'écrire ce livre. On m'avait gentiment mis en garde que toute vérité n'est pas bonne à dire. Lorsque vous vous mettez à nu, vous vous découvrez. Vous vous exposez donc à ceux, vengeurs et haineux, qui baissent le chauffage pour que vous ayez encore plus froid, tout en se réjouissant, pensant d'une manière douteuse vous faire payer vos égarements. Puis il y a ceux qui vous apportent une couverture de réconfort pour vous réchauffer. J'ai décidé de me mettre à nu pour témoigner, mais aussi pour rencontrer ceux qui apportent des couvertures. L'Humanité qu'ils portent en eux est le plus grand remède à la souffrance, le meilleur moyen pour guérir de ses blessures. Les autres, ils ne me feront rien payer, j'ai déjà payé. Je récolte maintenant le fruit de mes errements et leur souhaite qu'il en soit de même pour eux. J'ai pardonné, demandé pardon, et je sais, maintenant, que rien de ce que nous vivons n'est dû au hasard. Tout a du sens. Les événements d'une vie peuvent tout aussi bien grandir un Homme, que l'anéantir. Ce sont les rencontres qui en changent la trajectoire. Nous pouvons à tout moment de notre vie être cette rencontre qui modifiera la trajectoire, de celui que nous croisons. C'est cette petite différence qui sépare l'humain, de

---

[51] Martin Luther King.
[52] Terme emprunté à Marc Vella.

l'humain-Divin, le regard que nous portons sur nos semblables. Comme l'a dit le Christ qui s'intercalait entre une femme adultère et la foule qui s'apprêtait à la lapider : « Que celui d'entre vous qui n'a jamais péché lui jette la première pierre. »

Voilà la plus grande bataille, le plus grand combat que j'ai eu à livrer, et il n'est pas terminé, il fut contre moi-même. Se réformer n'est pas chose simple. Ce faisant, c'est ma plus grande victoire, ma plus belle conquête, mon nirvana. Grâce à des rencontres qui m'ont permis de le réaliser, j'ai eu la volonté et le courage nécessaire de me changer, car nous avons tous ce pouvoir. Le pouvoir de se changer. Depuis, j'ai réalisé ce que tout grand alchimiste rêve de faire, transformer le plomb en or.

Moi, j'ai transformé ma haine en Amour...

LOKAH SAMASTAH SUKHINO BHAVANTU[53]

[53] « Puissent tous les êtres de tous les mondes être heureux et en Paix », mantra sacré en sanskrit.

Remerciements

A mes correcteurs, Pascaline, Philippe, Emilie, Fabienne, Lyne, pour leurs regards éclairés, leurs critiques constructives qui m'ont aidé pour parfaire le contenu de ce livre. Merci

A tous mes amis d'hier, d'aujourd'hui, de demain. Merci

A Mme Coulon, M. Gaby, Mme Noizet, Papy Gaston, Tonio, et à tous ceux en général, qui au cours de ma vie, sont venus déposer une pierre d'Amour à l'édifice du royaume de mon éternité. Merci.

Au Dr Izzeldin Abuelaish pour son livre *Je ne haïrai point*. Témoignage poignant sur le conflit Israélo-Palestinien. Qui m'a, par sa grandeur humaniste, touché au plus profond de mon être. Emu jusqu'aux larmes par son refus de la haine. Dans ce livre, il nous prouve, au plus haut point, que le pardon et la réconciliation qui s'ensuivent sont possibles. Je tenais à le citer. Merci.

A André Poecker, mon formateur à l'A.F.P.A, pour sa touchante Considération Positive Inconditionnelle. Sa capacité à valoriser les individus en toute simplicité, et son incomparable aptitude à créer du lien. Ces enseignements me sont précieux, je ne vous oublie pas. Merci.

A Marc Vella, mon bel-ami. Pour m'avoir insufflé la confiance pour prendre l'élan nécessaire, afin de gravir cet Everest qu'étaient la peur et le doute de parvenir à écrire ce livre. Puisses-tu œuvrer encore longtemps pour le bien de l'Humanité ! Merci.

A mes grands-parents maternels, pour tous ces moments uniques de partage qui m'ont grandi. Merci

A mon frère, qui a été présent à mes côtés durant ces moments difficiles de notre vie. Je te souhaite d'atteindre tes rêves les plus envolés. Merci.

A Sandra, ma compagne. Pour son soutien indéfectible depuis le premier jour. Ses encouragements inspirés, sa confiance jamais démentie, et pour son Amour délicat et sincère qui m'ont donné des ailes. Merci.

A mon fils, éternelle source de bonheur d'être son papa. Et pour cet émerveillement que me procure ce miracle de la vie, de voir un être croître, chaque jour un peu plus. Merci.

Enfin, à ma mère ainsi qu'à mon père, pour m'avoir remis au monde. Merci, car sans vous, je ne serais…

Je vous aime

Parce qu'il ne faut pas s'oublier, une dédicace à toi, Pascal. Pour ta joie d'être encore en vie, vie qui te porte ici et maintenant, te permettant d'étancher ta soif de découverte et de compréhension de ce monde. A ta volonté de changer, pour que le monde change. A ton désir de contribuer à éradiquer la souffrance. De partager ton expérience, pour que ce que tu as traversé ne soit pas vain. Pour ta contribution bienveillante au monde, soutenue par ton espoir de jours meilleurs pour celui-ci. Pour ton aspiration à voir hommes et femmes se rapprocher pour le bien-être commun. Ainsi que pour ton Amour envers eux.

Puisses-tu accomplir ce que ton âme est venue accomplir sur cette terre ! Merci à toi…